エアライン・ビジネスの魅力

—夢に向かってキャリア・アップ—

山口一美

創成社新書
61

はじめに

「飛行機に乗ったときに、大きな機体が風を切って滑走し、力強く空へと舞い上がる。そんなとき、日ごろのイライラが吹き飛ぶ。」

と目を輝かして飛行機の魅力を語るのは私の友人である。飛行機、向かい風をものともせずに飛ぶ乗り物。この魅力に取りつかれたのは彼女だけではない。

エアライン・ビジネスは、今も多くの学生の憧れのビジネスの1つである。「マイナビ・日経2019年卒大学生就職企業人気ランキング」では、全日本空輸と日本航空が1位、2位（文系総合ランキング）となっており、キャビンアテンダント職やグランド・スタッフ職への希望者も多い。いつの時代もエアライン・ビジネス特有の魅力に人々は惹きつけられる。

それだけではない。グローバル化が進み大交流時代を迎えている国際観光において、人々の移動を支える交通ネットワークは重要であり、とりわけ遠距離を速く移動したい人々にとって、エアライン・ビジネスは重要な役割を果たす。

島国である日本は、ヨーロッパのように国境を陸続きで接している国々と異なり、海外からの旅行者の大部分がエアライン・ビジネスを利用して入国する。また、観光立国をめざし、２０２０年にはオリンピック・パラリンピック東京大会を控えていることから、その役割はますます重要となっている。さらに、エアライン・ビジネスは、増加する訪日外国人旅行者を首都圏空港（羽田、成田両空港）に運ぶだけでなく、地方空港へ運ぶことで地方創生へとつなげるという役割もある。

また、私にとってエアライン・ビジネスは、このビジネスを経験したことで、学ぶことの重要性や考え方、さらには生き方にまで影響を受けた、いわば人生の指針を与えてくれたビジネスでもある。

人は自分のキャリアを選択する際に、それぞれが持つキャリア・アンカーがどこにあるかを見極めて仕事を選択すべきだという考えがある。キャリア・アンカーとは、これがなければその仕事を続けていけないと思うほど自分にとって重要な価値観、欲求や動機をさす。これは仕事をする上での「船の錨」の役割を果たしているといわれている。私の場合、キャリア・アンカーに一致した仕事の1つがエアライン・ビジネスでの仕事だったと思う。人のために何かをして、その人が喜ぶ姿をみることが好きで、できれば世界の人々と直接触れ合うことを仕事にしたいということが、私のキャリア・アンカーであった。

そこで本書では、私のキャリア・アンカーに一致するビジネスであり、国際観光を支える重要なビジネスの1つでもあるエアライン・ビジネスの魅力について、明らかにしていきたい。そのために、第1章ではエアライン・ビジネスがどのように発展してきたか、エアライン・ビジネスの変遷について述べていく。続く第2章ではサービスが時代や航空機の機種とともにどのように変化していったのか、サービスの移り変わりについて明らかにする。それらのサービスを通して、乗客に感動を届けるにはどのような訓練や仕組みが必要なのであろうか、第3章ではその感動を生み出す仕組みを考える。第1章から第3章第2節までは、主に私が在籍していたエアライン・ビジネスの1つである、日本航空の変遷、サービス、感動を届ける仕組みについて述べている。なお、掲載した写真の中で、出所が記載されていない写真は、友人、夫、筆者が撮影したものを使用している。第3章第3節では、空港や機内で実際にあったエピソードを紹介する。これらのエピソードは日本航空時代の私自身のエピソードに加えて、私の同期仲間や大学で私の専門ゼミナールに所属していた卒業生のエピソードを載せさせていただいている。第4章では、エアライン・ビジネスでしか味わえない醍醐味について述べる。第5章ではエアライン・ビジネスを経験したことで、その後の人生や考え方にどのような影響があったのかを示し、第6章ではエアライン・ビジネスの現状とこれからについて、第7章ではエアライン・ビジネスで仕事をするにはどのような適性が必要であり、それらをどう鍛えていくのかについて述べている。なお、新書という性格および紙幅の制約から、すべての参考文献を含むことはできなかった。また、引用文献やそのページ数を省略させていただいたことをお断りしておく。

エアライン・ビジネスは、刺激的で魅力的な仕事である。空を飛ぶという人間にはできないことを可能にし、異国の地へと私たちを連れて行ってくれる夢のある仕事でもある。そのようなエアライン・ビジネスの魅力を、本書を通して多くの方々に知っていただき、1人でも多くの読者の皆さんにエアライン・ビジネスで活躍してもらうことを願っている。

2019年9月

山口一美

参考URL

マイナビ2019「日本経済新聞連動特集―就活支援―マイナビ2019」(https://job.mynavi.jp/conts/2019/tok/nikkei/ranking19/rank_bun_all.html　2018年8月11日閲覧)

目次

はじめに

第1章　エアライン・ビジネスの変遷――1

第1節　エアライン・ビジネスの歴史　1

第2節　1970年代のエアライン・ビジネスのできごと　8

第2章　サービスの移り変わり――19

第1節　B－727～DC－8のサービス　19

第2節　ジャンボジェット機のサービス　27

第3節　ドリームライナー　787のサービス　37

第3章　感動を生み出す仕組み――48
第1節　厳しい訓練が感動を生み出す　48
第2節　自分も感動経験　68
第3節　さまざまなエピソード　78
第4章　エアライン・ビジネスの醍醐味――96
第1節　エアライン・ビジネスを楽しむ　96
第2節　限られた空間でのサービス　105
第3節　エアライン・ビジネスを通して学ぶ　107
第5章　エアライン・ビジネスを経験して、次のステップへ――119
第1節　外から見たエアライン・ビジネス　119
第2節　アメリカでの生活　131
第3節　大学の教員として　161

第6章　エアライン・ビジネスの現状とこれから――175
第1節　エアライン・ビジネスの現状　175
第2節　エアライン・ビジネスのこれから　190
第7章　エアライン・ビジネスで仕事をしたいあなたへ――205
第1節　夢はかなえるものである　205
第2節　夢を実現させるためのステップ　211
第3節　キャビンアテンダントの適性とは　218
第4節　日常生活で自分を鍛える　231
あとがき　241

第1章　エアライン・ビジネスの変遷

第1節　エアライン・ビジネスの歴史(1)

（1）海外におけるエアライン・ビジネスの歴史

世界で初めて動力飛行機として空を飛んだのは、米国のライト兄弟（Wilbure Wright & Orville Wright）の飛行機で、それは１９０３年12月17日のことであった。初飛行で滞空59秒、飛行距離２６０ｍがベスト記録であったという。その後、１９０６年フランスのアルベルト・サントス・デュモン（Alberto Santos-Dumont）が最初の動力飛行に成功している。

１９２７年には米国のチャールズ・リンドバーグ（Charles Lindbergh）が、ニューヨーク～パリ間の単独無着陸飛行に成功している。同年パンアメリカン航空が設立され、カリブ海路線ならびに南アメリカを結ぶ国際線を運航し、１９３７年には世界最初の大西洋横断航空便を開設した。１９２８年にはＵＡＴＣ（のちのユナイテッド航空）、１９２９年にイースタン航空、1930年にアメリカン航空が設立された。

欧州では、1919年にフランスのファルマン航空会社が、世界発の国際定期航空路をパリ～ロンドン間に開設。1933年にはエール・フランスが設立された。ドイツでは、1919年にドイツ航空会社が設立され、旅客定期航空としてワイマール～ベルリン間を偵察機を改造した航空機で開始した。1926年にはルフトハンザ航空が設立。オランダでは1919年にKLMオランダ航空、イギリスでは1924年にインペリアル・エアウエーズが設立され、1934年ロンドン～シドニー間の定期運航路を開設し、翌年にはBOAC（英国海外航空）が設立された。

第二次世界大戦が終わりに近づき、国際民間航空の秩序と発展のための制度づくりの必要性から国際民間航空会議がシカゴで開催され、1944年には国際民間航空条約（シカゴ条約）が採択された。

米国では、航空会社間の競争を通して顧客に安い運賃とよりよいサービスを提供することを目的として、1978年に航空規制緩和法が成立した。この法律により、世界的に航空自由化の政策を促進することにつながった。1993年にはヨーロッパEU域内で、路線と運賃が自由化された。米国では1990年代に入り、ヨーロッパ各国とオープンスカイ協定を

写真1－1　スチュワーデス1期生
出所：JAL企業ホームページより。

結び始め、その協定の基本は、規制のない競争に基づく国際航空体制を促進することであった。

（2）日本におけるエアライン・ビジネスの歴史

日本では1910年、徳川好敏陸軍工兵大尉がフランス製アンリ・ファルマン製の複葉機を使用して、初めて飛行に成功している。民間飛行機については、1911年に「民間航空の父」といわれる奈良原三次男爵が、埼玉県所沢飛行場で日本初の国産機奈良原式2号を使って初飛行に成功した。1922年、井上長一が日本航空輸送研究所を設立し、11月に最初の定期便として堺～徳島間を運行した。日本最初の民間飛行機は、朝日新聞社、毎日新聞社の支援を受けてスタートをしている。それは新聞社が、写真情報などをいち早く伝達するために航空輸送が重要だと考えていたことによる。

第二次世界大戦後、サンフランシスコ平和条約の発効に伴い、1951年に「航空法」が施行された。同年8月1日に資本金1億円で日本航空株式会社が設立され、3，000人の応募者から選ばれた15名のスチュワーデス[2]1期生（当時はエアガールと言われていた）が、8月20日に入社した（写真1―1）。当時の募集要項には、20歳～30歳、身長158㎝以上、体重45～52・5kgまで、容姿端麗、新制高校卒以上、英会話可能、東京在住の方と記載されていたという（cf.中丸、2015）。容姿端麗の文言が募集要項に入っていたためか、この頃のスチュワーデスには特に美人が多いと言われていたのもうなずける。

1951年10月11日には日本航空とノースウエスト航空との委託運航契約が締結され、10月25日、戦後初の国内民間航空営業が開始された。マーチン202型機もく星号（38人乗り、プロペラ機）が、羽田飛行場（現羽田空港）～伊丹飛行場（現大阪空港）～板付飛行場（現福岡空港）間を就航した。日本航空のパイロットであった水間博志氏によれば、当時は整備をノースウエスト航空に委託していたことから、ノースウエスト航空の自社機優先で整備が行われ、日航機は後回しとなることが多かった。そのため遅延や欠航はしょっちゅうだったそうだ。その結果「遅延、欠航、日航、もう結構」と皮肉を言われていたという。定時発着率世界一を誇っている現在の日本航空ではありえない話である。この時期の国内定期便は便数も座席数も少なく、当時の物価や所得水準からすれば、航空運賃はかなり高価で、とても庶民には手が届かない高嶺の花であった。東京～大阪の航空運賃は6、000円で、当時の公務員の1カ月の初任給は6、500円であったことからも、それは想像がつくと思う。

1953年10月1日、資本金20億円で日本航空株式会社が設立され（日本航空（旧）は解散）、それは国内幹線の運営と国際線定期航空運送事業の免許会社として発足した。この年に「日本航空株式会社法」が公布、施行され、①日本航空が国策会社であり、ナショナル・フラッグ・キャリアであること、②政府出資・政府助成を受け、③政府監督を基本とすることが明確にされた。1954年2月、国際線第一便が東京～ウエーキ～ホノルル～サンフランシスコ間を飛んだ。この飛行機はプロペラ機であったため走行距離が短く、途中、北太平洋にあるウエーキ島に駐機して給油を行う必要があった。そのため、東京からハワイまでの所要時間は18時間、サンフランシスコまではなんと31時間かかっていた。

1955年5月20日、東京国際空港ターミナルビルが開業し、1958年2月、ダグラス社製のジェット機による東京～ホノルル～サンフランシスコ線が開設された。東京からホノルルに行く前に、ウエーキ島に寄港する必要がなくなった。同年、日本ヘリコプター輸送会社と極東航空会社との合併が行われ、全日本空輸が設立された。

1964年10月10日から東京オリンピック大会が開催され、同年、海外旅行の自由化が図られた。1965年、日本航空は日本発の海外旅行パッケージ商品であるジャルパックの販売を開始し、徐々に日本人が海外へ出かけて行くようになった。その当時はジャルパックのバッグを持って海外に行くのはちょっとしたステイタスでもあった（写真1－2）。

1966年6月29日にビートルズが来日し、ファーストクラスに用意されていた「ハッピコート」を羽織って、タラップを降りてきた。機内で、ジョン・レノンに「ハッピを着て日本の地を踏んでくださらないでしょうか。」とスチュワーデスがお願いしたところ、「Good ideal」と言ってくれたという。

1967年に世界一周線西回り1番機、東京国際空港を出発、3月7日には東回り出発、世界一周線が完成した。これは日本の航空業界にとって、さらに当時ナショナル・フラッグ・キャリアであった日本航空においても記念すべ

写真１－２　ジャルパックのバッグ

きことであった。この世界一周線開設は、戦後の日本の国力、経済成長のシンボルでもあったからである。

1971年に日本国内航空と東亜航空の合併により東亜国内航空（日本エアシステムの前身）が設立され、1972年に運輸大臣が「航空憲法」の通達を発表。その憲法では、①日本航空は国際線と国内幹線、②全日本空輸は国内幹線、ローカル線と近距離国際チャーター、③東亜国内航空はローカル線と決められ、競争を抑えて共栄共存を図る方策がとられた。

1986年には日本政府は航空政策を、①国際線複数社体制、②国内線競争促進、③日本航空完全民営化、に変更した。その理由として、①航空技術の革新で従来の2倍から3倍の乗客を運ぶことのできるジャンボ機が登場したこと、②旅行パッケージを利用する若年層や家族連れなど航空輸送を利用する乗客が増加し、日本航空1社では利用者や貨物の需要増加に対応するのが困難になったことがあげられる。これらの政策変更により、国際線の運航は日本航空だけでなく、全日本空輸や日本エアシステム（のちに日本航空と合併）など複数社が運航できるようになった。

1990年に運輸省は、日本出国者数が1,000万人を突破したことで、テンミリオン計画達成を発表した。1994年には、航空運賃に関する制度的緩和が実施され、2000年に国内線の路線と運賃が原則自由化された。その結果、多種多様な運賃が導入されることになり、それとともに安い航空運賃を掲げるローコストキャリア（Low Cost Carrier: LCC）と呼ばれる航空会社が出現してきた。

以上のように、海外と日本のエアライン・ビジネスがどのような歴史を経て発展してきたのかを簡単にまとめてみた。次節では、1970年代当時のエアライン・ビジネスの出来事について主にスチュワーデスの乗務を中心に述べてみたい。

第2節　1970年代のエアライン・ビジネスのできごと

（1）操縦室でランディング見学

1970年当時、私がはじめて、東京―香港線に乗務したとき、操縦室で着陸の様子を見学させてもらったことがある。

香港の啓徳国際空港（1998年に閉鎖）に着く20分くらい前に、パーサーから機内電話があり、「機長が操縦室から着陸の様子を見せてあげると言っているので、操縦室に行きな

写真１－３　啓徳国際空港へ着陸

出所：「創業20周年記念号おおぞら」より。

さい。」と言われた。今では考えられないことだが、香港乗務が初めてのスチュワーデスがいた場合に、機長のちょっとした心遣いで、着陸の様子を見れるようにと操縦室に入れてくれたのである。それは、香港の啓徳国際空港が「世界一着陸が難しい空港」として有名で、その空港に着陸するためには両側の小高い山の合間を抜けていかなければならない。そのため着陸はかなり見ごたえがあり、機長にとっては高度な操縦テクニックを必要とされた空港であったからである（写真1―3）。

　操縦室のジャンプシートに座った私は、機長が香港管制塔とのやり取りをしたり、副操縦士が計器のチェックをするなど、着陸準備で大忙しなのが見えた。管制塔からの許可を得て進入体制に入り、高度を下げて空港に進入し、着陸直前になって右に急旋回する。右側の窓から手に届きそうなくらいの近い距離に見えた九龍市の繁華街を通過すると、あっという間に着陸であった。啓徳国際空港は滑走路が通常の空港よりも短く、着陸したらすぐにブレーキを踏まないと海へ落ちてしまうのだそうだ。お客様の中には、「ビルの中にいる人と目が合った」などというお客様もいたそうな、それくらい近い距離だったのである。スチュワーデスの私にとって、操縦室で着陸を経験したのは、後にも先にもこのときだけであった。

（2）よど号乗っ取り事件

1970年3月31日に、よど号乗っ取り事件が起こった。当時はまだハイジャックという言葉はなく、乗っ取り事件と言われた。JAL351便羽田発福岡行き「よど号」が、赤軍派9人に乗っ取られたのである。

羽田空港離陸約6分後、ベルト着用のサインが消え、最前列の客席にいた男たちが日本刀を抜いて操縦席に侵入、「北朝鮮へ行け」と要求したのである。機長の説得により、福岡空港に着陸し給油を行った。福岡空港で人質の乗客131人のうちの一部を解放したのち、「よど号」は韓国の金浦（キンポ）空港に着陸した。金浦空港に到着すると、ピョンヤン空港（平壌）に偽装した仕掛けが簡単に見破られるなど2日間事態が膠着した。事態打開のため、橋本登美三郎運輸大臣、運輸政務次官の山村新治郎氏がソウルに派遣され、交渉にあたった。その結果、一般乗客は解放されたが、身代わり人質として山村運輸政務次官と乗員3名が残り、犯人らの要求で北朝鮮の平壌に向かった。実際に着陸したのは平壌に隣接する陸軍旧飛行場であった。犯人らは降機し、北朝鮮に拘束された。4月5日に「よど号」は山村運輸政務次官と機長ら3名を乗せて無事に日本に帰国した。

この事件後、航空機の強取等の処罰に関する法律（通称ハイジャック防止法）が制定され、運輸省航空局はハイジャック防止を目的とした旅客および手荷物の取り扱いの強化について、日本航空など航空会社に通達を出した。もちろん新人スチュワーデスが操縦室で着陸を見学するなどもってのほかとなった。

（3）国内線の花形はボーイング727

1965年7月から就航したボーイング727は、当時の国内線の花形機であった（写真1―4）。この飛行機の特徴は、T字尾翼と飛行機の後部に引き込み式タラップ、エアステアがあったことである。このエアステアとは、お客様が航空機に搭乗する際に使用できる航空機内に格納された階段のことをいう。お客様はこの階段から搭乗および降機する。お客様

写真１－４　ボーイング727

出所：JAL ホームページより。

が搭乗し終わった際にスチュワーデスが、このエアステアをロックする。しかし、飛行中でもスチュワーデスは、お客様の動向に注意を払う必要があった。それは、お客様がこのエアステアが格納された場所を、よくトイレと間違えて開けようとするからであった。間違ってもお客様がエアステアのハンドルを持たないように常に注意を怠らないこと、これは当時のスチュワーデスにとって、安全運航のための重要な仕事の1つであった。

この頃の国内線の客室は、3名のスチュワーデスが乗務にあたっていた。この3名のスチュワーデス間で円滑なコミュニケーションができていないと、それは客室全体の雰囲気に影響し、お客様へのサービスの良し悪しに影響する。基本的には毎回異なるメンバーと組んで乗務をするので、乗務前のブリーフィングのときからコミュニケーションを図り、良い関係を作って乗務に臨む努力が求められていた。

（4）国際線ではジェット機が活躍

1961年から就航したアンカレッジ経由北回り欧州線（1991年10月30日、437便パリ行を最後に終了）では、ジェット機ダグラスDC―8型機が活躍していた。当時は、客室乗務員は欧州路線、東南アジア路線、南周り路線と路線別にグループが作られ、それぞれの路線に属して1年間は主にその路線に乗務をするという形であった。客室担当はスチュワーデスが3名、スチュワードが1名（男性）、パーサー（男性）が1名でチームを組んで乗務をしていた。

欧州路線のグループに属していた私は、ヨーロッパの経由地であったアラスカのアンカレッジにもたびたび降機し滞在をした。ある乗務では、先輩から「氷河を見に行かない？」と誘われ、ご一緒させてもらった（アラスカでは5月～9月までの間、氷河ツアーが行われていた）。アンカレッジ発のプリンスウイリアムズ湾の氷河ツアーに参加をしたが、巨大にそそり立つ氷壁が轟音とともに崩れ落ちる姿は迫力満点。グレーシャーブルーと呼ばれている神秘的なブルーに輝く氷河が崩れ、海に流れている様子は圧巻であった（写真1―5）。

南回り欧州線は、スチュワーデスの憧れの路線であった。というのもこの路線だけが、ローマに行くことができる路線だったからである。飛行ルートは、東京～香港～バンコク～

写真1－5　アンカレッジの氷河
先輩達と筆者

ニューデリー（またはボンベイ）～テヘラン（またはカラチ）～ベイルート～アテネ～ローマ～ロンドン（またはパリ）である。まず、東京～香港～バンコクと乗務し、バンコクで降りて、次の便が来るまで2、3泊待機をする。その後、テヘランで3、4泊して次の便が来るまで待つ。そして、アテネ、ローマへと乗務し、ロンドン（またはパリ）は日帰り乗務となる。帰りはこのルートを逆に乗務して東京まで帰ってくるので、帰国するまで約3週間近くの長旅になることもあった。このルートは途中下車が多く、観光をする時間があること、自分ではなかなか泊まることのできない高級ホテルに宿泊をすることができ、新たなサービスを体験する良い機会でもあった。

イラン（現イラン・イスラム共和国）のテヘランでは、地元の住民が作ったペルシャ絨毯を洗っている場所に、機長たちが連れて行ってくれたり（写真1－6）、憧れのローマでは、トレビの泉に行き、コインを投げるとまたローマに来れるという言い伝えがあるというの

写真１－６　ペルシャ絨毯の洗い場

で、コインを投げ入れたり（写真１－７）、オードリー・ヘップバーンの映画「ローマの休日」で一躍有名になったスペイン広場でヘップバーンがしたようにアイスクリームを食べたりと楽しい思い出がたくさんある。レストランではイタリア人の陽気なサービスを受けて、形式ばったサービスばかりが素晴らしいサービスではないことを学んだのもこのときであった。この乗務形態は１９６０年代から80年代後半まで存在していた。

１９７０年７月１日、Ｂ－７４７、通称ジャンボジェット機が太平洋線に初就航した。ジャンボ機の導入により、スチュワーデスの数は10名（座席数が５００席以上だと11名）となり、ＤＣ－８のときのように乗務後に乗務員全員で食事に行くことは難しくなった。何人かグループで食事に行くことはあっ

写真１－７　トレビの泉で先輩と筆者

ても、少人数の家族的なまとまりや付き合いはできなくなってしまい、少しさびしい思いをしたものだった。

このようなジャンボジェット機は、機内の収納棚の高さがＤＣ－８機よりも高かったので、１５８㎝を切る私の身長では手を伸ばしても棚には届かず、座席の下にある足台に乗ってから棚を閉める必要があった。また4席の中央の座席のお客様へサービスをする際にもまったく手が届かず、通路側のお客様にトレイを渡すのを助けていただくこともしばしばであった。したがって、ジャンボ機時代のスチュワーデスも、身長が高くジャンボの人が多く採用されていたようだ。

その後も「ドリームジェット」と呼ばれるボーイング７８７や「トリプルセブン」といわれるボーイング７７７など、運航効率も良く騒音やCO_2排出量も低減されたジェット機が就航している。ボーイング７８７は、エコノミークラスで足元スペースが従来の飛行機よりも約10㎝広がり、今までよりもゆったり座れることやシートの快適性を追求していることから、乗客にとって疲れにくく、眠るときにも今までよりも快適に寝ることができる。後輩のキャビンアテンダントによると、お食事が終わったあとに眠られるお客様が多くなり、疲れが取れるせいか不機嫌な顔をされているお客様が少なくなったと言っていた。私もホノルルに行く際に利用したが、お食事後、映画を1本観た後は、ホノルル到着までぐっすり眠ることができ、7時間があっという間であった。

エアライン・ビジネスでは、今後も続々と新規機材が導入され、それに合わせてサービスの提供の仕方も変わっていくことが推測できる。全日本空輸が2019年5月24日からエアバス社の520人乗り、総二階建ての超大型機の「フライング・ホヌ（空飛ぶウミガメ）」を成田～ハワイ線に就航させた。エコノミークラスにカウチシートや多目的ルームを設置するなど新たなサービスが提供されたが、なによりもそれだけの大人数のお客様へのサービスはどんなサービスをするのか、楽しみである。

註

（1）第1節（1）（2）は、山口（2015）第8章、195－198頁の一部に加筆、修正したものである。

（2）本書では、呼称については、その時代に使われていた呼称を使用する。スチュワーデス（1996年9月まで）、フライトアテンダント（1996年10月～2011年12月まで）、キャビンアテンダント（2011年1月～現在）。

引用文献

水間博志『おおぞらの飛翔―日本民間航空の歴史とドラマ』共信商事、1989年。
中丸美繪『日本航空一期生』白水社、2015年。

参考文献

水間博志『空と人生 42年の奇跡』文芸社、2007年。
山口一美『感動経験を創る ホスピタリティ・マネジメント』創成社、2015年。

参考URL

日本航空ホームページ
http://www.jal.com/ja/history/aircraft/ 2018年8月20日閲覧
JAL HISTORY
http://www.jal.com/ja/history/history/ 2018年8月20日閲覧
全日本空輸ホームページ「A380型機 特別塗装機が「FLYING HONU」に決定！」
https://www.ana.co.jp/group/pr/201703/20170306.html 2019年4月28日閲覧

第2章　サービスの移り変わり

第1節　B－727～DC－8のサービス

（1）B－727機でのサービス

１959年8月15日、国内線おしぼりサービスが開始された。今では国内外の航空会社で行っているサービスではあるが、当時は日本航空がはじめてスタートさせたサービスであった。国際線のファーストクラスではハッピコートがおかれ、ワゴンサービスも開始した。ファーストクラスのサービスを行うために、当時のスチュワーデスは一流ホテルでの実習を行い、サービスの仕方を学んだ。また、食事や酒類のサービスに優れた専門のスチュワードも採用。ソムリエの資格を持つスチュワーデスによるこだわりのサービスを実施していた。

１966年8月23日、7名の中国人（香港）スチュワーデスが採用され、香港線に乗務開始した。この時の制服はチャイナドレスを意識したものであった。ＪＡＬ香港支店の客室乗

写真２－１　第４代目の制服

出所：JAL ホームページより。

務員室（香港基地）は最初に開港した海外基地であり、現在は香港に加えて、台湾、シンガポール、バンコク、上海、ロンドンの６カ所の海外基地を持つ。約６，０００人いる客室乗務員のうち、およそ１，０００人が海外基地の現地採用の乗務員で構成されている[1]。

１９６７年、世界一周路線の開設を機に制服が一新され、第４代目の制服として森英恵がデザインした制服になった。青空を思い出させるスカイブルーに襟元は着物をイメージしたノーカラーの制服で、ブラウスは丸首、上着の右胸にはミキモト製の真珠で縁取られた鶴のブローチをつけて乗務した。制服にマッチしたブルーの制帽と白い手袋も支給された（写真２―１）。

（２）東京―大阪のフライトのサービスは、大忙し

１９６４年、日本航空に先駆けて全日本空輸がＢ―７２７を就航させた。そのときの東京―大阪の飛行時間はおよそ30分であった。しかし、友人の話によると、１９６５年11月の全

日本空輸伊丹発羽田行のフライトでは、フライトタイムが26分であったという記録があるという。そのときスチュワーデスはサービスを行う時間がなく、降りるお客様にドア付近でお茶菓子を配布したとか。当時は計器飛行が義務付けられていなかったので、離陸と同時に有視界飛行（機長が目視によって飛行すること）を申請し飛行したため、とんでもないスーパーフライトタイムをはじき出したのだそうだ。

このような超人的なフライトではないものの、当時の東京〜大阪のフライトでの食事のサービスは、大忙しであった。シートベルトのサインが消えるや否や気合をいれて準備をしないと、時間内にサービスが終わらないことも起こる状態だったのである。例えば、お昼のサービスとしてサンドイッチを提供する際には、それに加えてコーヒー、紅茶、ジュース、スープのサービスを行っていた。実質サービスに使える時間は20分程度だったにもかかわらず、スープがおいしいとお客様に人気があり、おかわりのリクエストが殺到した。スープの3杯目のおかわりのサービスに応えていると、飲み終わったカップを下げる時間もなく、乗務員の席についてシートベルトを締めると同時に着陸などということもしばしばであった。それでもお客様の「スープがおいしかったよ。ありがとう。」という言葉に、うれしいやらほっとするやらの羽田〜大阪間のサービスであった。

国際線では機内サービスの一環として、和服に着替えてサービスをしていた。それは日本の文化を感じてもらうこと、そして、他航空会社との差別化を図るために考案されたサービスであった。

（3）トイレで着物着用(2)

着物着用の担当者は、機内の化粧室で着替えを行うことになっていた。狭い機内で短時間で着替えることができるように、着物は上下に分かれていた。着物を着るときには、まず化粧室の床にビニールの風呂敷を敷いて、その上で着替えを行った。足袋を履いてから、下襦袢を着る。次に着物を着て帯をしめ、およそ10分以内で着替えをすませる。化粧室を長く使用していると、化粧室を使用したいお客様を待たせてしまうので、短時間で着替えをするように自宅では時間を測って着替えの練習をしたものである。

その苦労の甲斐があり、着物を着て機内を回るとお客様が喜んでくださり、写真撮影会が始まることも多々あった（写真2―2）。

余談だが、スチュワーデスにとって、日焼けはご法度であった。したがって、例えば乗務でハワイに行き、滞在中にビーチに行くときなどは、しっかりと日焼け止めを塗って出かけ

写真2－2　着物を着た筆者

る必要があった。うっかり日焼けしすぎてしまうと、ブリーフィングルームに行った際に主席職員に注意をされ、日焼けがひどい場合は一定期間乗務停止となる。私のゼミ同期のスチュワーデスが日焼けのしすぎで乗務停止になっていた。また、ニキビなどで肌が荒れているときにもチェックが入り、治るまで乗務停止となる。飲食を扱う者としてお客様に不快感を与えることは許されないのである。

（4）機内ではお客さまと一緒に過ごす

DC－8での欧州路線では、お客様との接点を多く持つ機会にあふれていた。当時は欧州路線の飛行時間が長かったことや搭乗されるお客様の数がそれほど多くなかったこともあり、時間をかけて、ゆったりとしたサービスをすることができたのである。

食事のサービスが終わったあとは、後部座席の空席で折り紙をして遊びたいお子様たちに声をかけて、簡易の折り紙教室を開くこともしばしばであった。そのために長い飛行時間のフライトが勤務として入った時には、事前に家で折り紙の折り方を練習して乗務に臨んだ。機内に用意してある折り紙を使って鶴、犬、風船など折り紙を実演し、出来上がった作品でお子様たちと一緒に遊んだりした。また、あるときには、機内のお子様用のキットに積んであった「知恵の輪」を使って、どちらが早く「知恵の輪」を外すことができるかなどのゲームをしたりと、お子様たちとの交流を図る機会があった。トイレに立ったお客様がその様子を見て、声をかけてくださったりとさまざまな場面でお客様との接点を持つことができたのである。

あるフライトでは、お客様に「ロンドンのノッティングヒルでお目にかかりましたよね。」と声をかけられたこともあった。「海外の滞在先で日本人に出会ったら挨拶、会釈をするように。なぜなら、あなたたちは鶴丸を背負っているのですから、それを常に忘れないように過ごすこと。」と言われていた私たちスチュワーデスは、海外で出会う日本人と思われる人には笑顔で会釈をしていたのである。その会釈をした方が日本航空に乗っていらした。なんという偶然ということで、そこから会話がはずみ、後部のギャレーでお客様に紅茶をお出ししながら、ロンドンのおいしいレストランや今話題のミュージカルの話で盛り上がったこともあった。

当時は現在のように欧州への海外旅行の大衆化が進んでいなかったため、海外にいらっしゃる日本人の方は、ビジネスでいらしている方か駐在員の方が大半であり、数もそれほど多くはなかった。また20代前半の日本人女性が2、3人で歩いているとすれば、その頃は日本航空のスチュワーデスである場合が多かったのである。それは、1986年まで国際線を運航していたのは日本航空のみであったということもあった。

(5) サービスに心理学を応用

飛行機に乗ったとき、エコノミークラスでの食事のメニューを見て、チキンのソテーにしよう、ワインは白ワインを頼もうなどと決めて、スチュワーデスのサービスを待っていた。ところが自分の番になったときには、頼もうと思っていた食事はすでになかったという経験をしたことはないだろうか。そんなときは、せっかくの飛行機に乗ったのに、なんか損した気分になったりする。

そのような経験をするお客様が出ないように、エコノミークラスで2回食事のサービスが予定されているときには、1回目の食事のサービスを前方座席からスタートしたとすれば、2回目の食事のサービスは後方座席のお客様からスタートをする。万が一、後方座席のお客様が希望の食事を選択できず、しかもかなり待たされた時に気分を害されるのを防ぐために、2回目は希望の食事を選択できるように後方座席のお客様を先にサービスするのである。

またこのような偏った食事の選択になるのを防ぐために、私は「お肉と○○産の新鮮なさかなを使ったお料理、どちらになさいますか。」と聞くようにしていた。それは、「人は最後に聞いた情報の方が印象に残りやすいから、そのように言うといいですよ。」と先輩から教えてもらっていたからであった。

当時はなぜそんなことが言えるのか知らなかったが、日本航空を退社後、しばらくたってから大学院に行き心理学を勉強するようになってその理由がわかった。それは、「新近効果(recency effect)」と言われる効果であった。

「新近効果」についてアメリカの心理学者であるN・H・アンダーソンが実験をしている。彼は実際に起こった事件を題材にして模擬裁判を行い、証言の与え方で陪審員の判断がどう変わるのかを実験した。まず、1回目は「ある証言」を2つ出し、次に「もう一方の証言」を2つ出した。2回目はまた「ある証言」を6つ出し、次に「もう一方の証言」を6つ出した。その結果、いずれの場合も、陪審員はあとからの証言である「もう一方の証言」の側に有利な結論を出したことを明らかにしている。この実験からわかることは、人は最後に得た情報が記憶に残りやすく、のちの判断に影響を与えるということである。この効果を理解した上で、お客様に最も伝えたい重要な情報は最後に伝えることを心がけたい。

第2節　ジャンボジェット機のサービス

(1) 機内から日本文化を発信する

1970年から、B—747導入に合わせて、第5代目の制服は当時流行であったミニスタイルによる制服に一新された(写真2—3)。バックルとシューズに配した日の丸がアクセントとなっていた。またスカーフが初めて導入され、ストッキングはクリスチャン・ディオールでこちらも支給された。この制服は外国人に評判がよく、海外の空港で「very cute」とよく言われていた。飲食のサービスをする際には、鶴の模様が描かれた赤、紫、青の3色のエプロンから1色を選んで、それを着用してサービスを行った。ファーストクラスを担当するパーサーは、なんとロングドレスを着用して飲食のサービスを行ったのである（写真2－4）。

写真２－３　第５代目の制服と着物着用
出所：JAL ホームページより。

新しい制服のミニのワンピースは、サービスをする側にとっては仕事がしづらく、オーバーヘッドビン（座席上の収納棚）の開閉をしたり、窓際の席のお客様へのサービスをする際にはワンピースがずり上がらないように注意が必要であった。

ジャンボジェット機は機内サービスの特色を「格調高い日本調」とし、機内のあらゆる面にそれを反映させ日本文化を発信していた。例えば、機内の壁紙には「和紙」を使用し、ファーストクラスはデザインカラーを紫としモチーフは「藤」、エコノミークラスは機材の巨大化に伴う客室内の広漠感を和らげるために、客室のセクションごとに、デザインカ

写真2－4　エプロン着用したスチュワーデスとパーサー
出所：JAL ホームページより。

ラーを黄色（モチーフは「橘」）、緑（モチーフは「松」）、赤（モチーフは「紅葉」）にし、飛行機は「ガーデンジェット」と呼ばれた。

ファーストクラスの客室前方には、日本画家の加山又造氏の絵画が描かれ、2階席にはファーストクラス専用のラウンジが作られていた（写真2－5）。

着物サービスも機内サービスの最も重要な特色の1つとして強調されていた。着物着用の担当にアサインされたスチュワーデスは、自分の担当する客室のセクションのモチーフに合った着物を、例えばファーストクラスのスチュワーデスは藤の花の模様の入った着物を着用するため、出発時にロッカールームカウンターで所定の柄模様の着物を1セット借りて乗務にあたった。ジャンボジェット機の場合は、総勢15名の客室乗務員のうち、4名が着物着用担当となり、決められたスケジュールに沿って着物を着用していた。着物を着用しての主なサービスは、お客様の送迎、新聞雑誌の配布、おしぼりサービス、ファーストクラスのハッピコートやノベルティの配布、ラウンジでの接客、食前酒のサービスの補助、また日本食をサービスするときにはできる限りサービスを担当することになっていた。着物を着用してのサービスは、それは華やかで美しかった。

写真２－５　ジャンボジェット機のラウンジ

出所：JAL ホームページより。

当時のファーストクラスの機内食のサービスは、前菜↓スープ（2種類から選択）↓メインディッシュ（和食、ビーフステーキ、ローストビーフ、蒸し鶏などから選択）↓チーズ↓デザート（フルーツ、アイスクリーム、ケーキ）と、フルコースのサービスを行っていた。１９７１年3月30日から成田～ワシントン線が開設されたときには、機内食の特別メニューとして3カ月間、ＪＡＬ寿司バーがつくられ、握り寿司のサービスが行われた。本格的な日本食のサービスが提供されていたのである。

１９７８年には2階席にファーストクラス旅客用のベッドを設置、枕、毛布、ガウンをアメニティとして出し、この時代にフルフラットシートをすでに導入していた。

（2）スチュワーデスは独身のみの職業？

「1970年初頭、スチュワーデスの制限年齢は満30歳で、結婚したら資格喪失」と聞いて、あなたはどう思うだろうか。信じられないだろうが、規定でそう決まっていたのだ。しかし、B―747機が導入され大量輸送時代を迎えたことで、それを契機にさまざまな改善が順次なされた。

まず改善の第一は、スチュワーデスに課せられていた資格制限の緩和である。それはB―747機の導入によりスチュワーデスの人数が多くなったにも関わらず業務経験が短く、職務に慣れたころには退職する女性が多く、熟練が蓄積されず職員養成の効率も悪いこと、さらに女性の能力資質を引き出し、モチベーションを高める必要があることから、1974年9月に結婚による資格喪失規定を廃止したのである。これにより結婚しても仕事を続けることができるようになった。また、年齢制限も1980年3月に廃止された。改善の第二は、女性の職域の拡大がなされた。それは女性労働に対する社会的認識や意識の変化、女性の能力を活かす必要性、加えてB―747機の機内設備の改善が進んだことなどから実施されることになった。スチュワーデス、女性アシスタントパーサー、パーサー、チーフパーサーに職種が拡大された。改善の第三として、訓練制度の改正を行った。1975年から客室乗務員は入社後一定期間、地上業務研修を行うこととなり、例えば、スチュワーデスは主として、営業、運送の接客部門で3カ月ないし5カ月間、地上研修を行うこととなった。これは交差教育と呼ばれるもので、その目的は、本来の職種とは異なる職種を経験することで視野を広め、社内の一体感を得ることであった。1機の飛行機を飛ばすためにはチームワークが重要であり、とりわけ地上職員とスチュワーデスとの連携は安全性を保つため、お客様へのサービス向上のためにも非常に重要である。したがって、このような交差教育はスチュワーデスにとって、連携して業務を行う他の職務の仕事を知る良い機会であった。改善の第四は、外国他社と比べて大幅に長い養成訓練期間の短縮がなされた。国際線のスチュワーデスは従来が専門訓練726時間、実地訓練178時間であったが、順次短縮をすすめて、1979年度にはそれぞれを380時間、1カ月に短縮した。ちなみに、そのころの欧米の航空会社では、200時間以下が普通であったという。日本航空の場合、英語訓練に80時間かけていたことも、他社よりも訓練時間が長い一因であったと言われている。丁寧に時間をかけてスチュワーデスを育てていたのである。

（3）とにかくお客様が多い！

ジャンボジェット機のお客様搭乗のお出迎えの挨拶には、ある種のスキルが必要だった。全員のお客様の目をみて笑顔で挨拶し続けたいとは思っても、あまりにもお客様の数が多いため、1人ひとりに心をこめて笑顔で挨拶をしていると搭乗時間がかかってしまう。なによりも笑顔の表情でいることに疲れ、顔が引きつってしまう。なるべく速く1人でも多くのお客様を誘導、席についていただくために私が取った秘策は、笑顔で一度挨拶しお辞儀をしたら、頭を下げたままお客様の足元をみて、5人くらいのお客様が通り過ぎてから頭を上げることで、引きつってしまう笑顔への対策と搭乗時間のスピードアップを図ったものである。

ジャンボジェット機の時代になったことで、サービスの効率化を図ることは重要であった。しかし、他の航空会社との競争に打ち勝つためには、JALらしい心の通ったサービス、個性のあるサービスを提供すべきであるという考えのもと、新たなサービスが次々と提供された。例えば、国内線「ちびっ子VIP」（お子さま一人旅サービス）を設け、夏休み中の生徒（6歳から12歳まで）の一人旅について、出発空港での搭乗手続きから機内サービス、到着空港で出迎えの方に引き渡すまで、グランドスタッフとスチュワーデスが一貫して対応するサービスを始めた。また、家族渡航者を対象とする国際線「ファミリーサービス」

として、海外赴任者の旅慣れない家族に対する「安心の提供、不安の解消」を目的としたサービスを行った。このサービスは、私たち家族が、夫のボストンへの転勤で一緒に行く際にお世話になったサービスである。親切で手厚いアドバイスをもらって安心したのを覚えている。いずれもお客様に好評のサービスであった。会社が大きくなり、ジャンボジェット機の時代になると、個性あるサービスの提供が難しくなるが、初心に立ち返り、JALらしい心の通ったサービスを提供し続けるという姿勢の表れだったのであろう。

（4）乗った時からリゾート気分

1994年6月、リゾート路線として「乗った時からリゾート気分」をコンセプトに、ハワイ行きの「スーパー・リゾート・エクスプレス」の運航をスタートさせた。キャビンアテンダントはアロハ調のブラウス（通称リゾッチャブラウス）を着用し（写真2—6）、機内サービスでは、ランチボックスやハンバーガーを提供。機内ではその場で商品があたるビンゴ大会が開催されて、まさに乗った時からリゾート気分になれる工夫がされていた。同年10月にはグアム、サイパン、オーストラリアの運航を開始し、1995年4月には国内線で沖縄に就航した。

２０００年４月には、リゾート・エクスプレス（通称リゾッチャ）のサービスのコンセプトは「リゾートをもっと感じる、空の旅へ」とリニューアルされ、それに合わせて機体も、南国の花と南洋の鳥を図案化してトロピカルムード満点の外装に変更した（写真２―７）。機内でのサービスもリゾッチャ・マルチストラップの配布や新しいキャラクターと一緒に記念撮影ができたり、リゾッチャビンゴ大会も健在であった。日本〜ホノルル線の機内食は、夕食が和食か洋食の選択、２度目の食事はリゾートへそのまま行けるようにと、ビーチで使えるオリジナルバッグであるリゾッチャ・バッグに入った食事が配布された。アルコールはリゾッチャビール、リゾッチャ・オリジナルカクテルと、機内に入ったらさまざまなところにリゾートを感じさせる楽しいキャラクターグッズが満載であった。家族連れや新婚旅行にでかけるカップルに人気の飛行機であった。

写真２－６　リゾッチャブラウスを着用
出所：JAL ホームページより。

この頃、日本航空のグループ会社であるＪＡＬウイング（２０１０年に日本航空インターナショナルと合併）がリ

写真2－7　リゾート・エクスプレス　愛称リゾッチャ

出所：マイナビニュースより。

ゾッチャを運航していた。タイ人とフィリピン人のスチュワーデスと日本航空からの出向乗務員、さらには国内航空会社ならびに外資系航空会社の経験者がスチュワーデスとして乗務していた。多くのスチュワーデス退職者がJALウイングに再就職をして、1カ月に3回から4回、リゾッチャに乗務をしていた。結婚後、再就職するには、その勤務形態からも乗務しやすく、また会社側にとっても、すでに前職でスチュワーデスを経験している人に行う教育は新人教育と比べて短期間で済むことから、双方のニーズが一致した結果なのであろう。2008年5月にリゾッチャによる運航は廃止された。

第3節　ドリームライナー　787のサービス

(1) キャビンアテンダント(3)の仕事とは

1996年の第8代目の制服から、帽子を廃止し、現在に至っている。現在の制服は2013年にモデルチェンジされた、丸山敬太デザインの第10代目の制服であり、ワンピースとジャケットのコンビで、ジャケットのふちにつけられた赤いラインがモダンなアクセントとなっている（写真2―8）。

写真2－8　第10代目の制服

出所：JALホームページより。

ここで現在のキャビンアテンダントの仕事について、その流れを追ってみてみよう。国内線の場合、まず出発時刻の1時間45分前にオペレーションセンター内の客室乗員部に行き、共用のパソコンで出勤の申告をしたあとメールボックスをチェックし、会社からの配布物をとり緊急の情報がないか確認する。その後、キャビンアテンダントがサービス・スキルを向上させることができるようにサポートするV-stationに行き、機内販売品やアメニティグッズ、ミールサービスのときの食器など展示されているものを見て、予習をする。また、キャビンアテンダントが円滑に乗務できるようにサポートするシフトマネージャーに挨拶をし、必要な情報をもらう。

「出発前のブリーフィング」では、乗務するキャビンアテンダントが集まり、担当するドア、保安関連の確認、サービスの手順などについて打ち合わせを行う。情報共有はすべてタブレット端末を使用して行われる。ブリーフィング後、体をほぐすためにメンバー全員で1分間の体操を行い、いよいよ乗務する飛行機に向かうのである。

機内では「運航前のブリーフィング」として、機長などの運航乗務員とのブリーフィングが行われる。ここで飛行時間、高度、速度、飛行ルート、揺れの状況などの情報共有が行われ、緊急時の対応などを確認する。その後、出発前の確認・サービス準備を行う。まず、各キャビンアテンダントは担当箇所に分かれて、①担当ドアの安全確認、②自分が座るジャンプシートに座り、シートベルトがきちんと締まるかを確認、③酸素ボンベや非常用機材を確認、④座席の下に救命胴衣がきちんと備わっているか、座席1つひとつを確認、⑤客室や化粧室の清掃状況の確認、⑥ドリンクやキャンディなどサービスする品物に不備がないかを確認する。各自担当箇所の安全確認ができたら、インターホンで、チーフキャビンアテンダントに報告する。

お客様の搭乗が開始されると、白いジャケットを着たチーフキャビンアテンダントが搭乗口でお客様を迎える。チーフキャビンアテンダントとの最初の出会いは、空の旅を印象付ける最初の一歩として大事な瞬間、笑顔とアイコンタクトでお客様に安心感を与えることが重要である。お客様の搭乗が終了したら、お子様にはノベルティグッズを渡したり、毛布を配ったり、笑顔で機内を動き回る。離陸前にはお客様のシートベルト着用の確認、お荷物が座席の下にしまわれているか、座席の上の荷物入れであるオーバーヘッドビンがきちんとしまっているかなどを確認していく。

離陸後シートベルト着用のサインが消えると、キャビンアテンダントはギャレーで、ドリンクサービスの準備を始め、2人一組でカートを使ってサービスを始める。お客様のオーダーを聞き、途中で残り少なくなった飲みものがあれば1人のキャビンアテンダントがギャレーにドリンクの補充に行き、もう1人はドリンクのサービスを続ける。言葉にしなくてもチームワークでそれらの行動はスムーズに行われる。

ボーイング787型機のファーストクラスとビジネスクラスでは、2013年から機内食サービスとして、日本が世界に誇るスターシェフたちで構成するドリームチームが最高の食材と自由な発想で提供する空の上のレストラン、「スカイオーベルジュBEDD」のサービスが行われている。BEDDは、座席をフルフラットのベッドとして休むことができるBEDと、最後のDには「Dine（食事する）」「Delicious（おいしい）」「Dream（夢見心地）」の意味が込められているという。食事のサービスが終わると機内免税品販売のサービスが行われ、それが終了し機内サービスがひと段落すると、客室の明かりを消す。このときにはキャビンアテンダントも交代で休憩する。休憩していないキャビンアテンダントは随時、客室を回って乗客の安全を確認し、心地よく空の旅ができるように臨機応変に飲み物をトレーに乗せて客室を回り、必要なお客様にサービスをする。飛行機が無事に目的地について、お客様を笑顔でお見送りしたあと、忘れ物はないか、オーバーヘッドビンから座席のポケット、座席の下までチェックする。そして、飛行機から降りたら、乗務後のブリーフィングが行われる。以上のようにキャビンアテンダントの仕事は多岐にわたっている。早朝便、深夜便勤務のときもあり、国際線の場合はこれに時差も加わり、体力的にはきつい仕事の1つでもあるといえる。

（2）機内サービスでも安全第一

安全第一は、機内サービスの至るところで徹底されている。例えばドリンクや食事のサービスをするときには、カートを使う。そのカートを止める際には、カートを前に押してから手前に引くことで、車輪を外側に向けてカートを安定させる動作をしている。これはカートが動いてしまわないようにと安全に配慮した行動をとっているのである。お飲み物のサービスでは、カートに乗せて機内を回るが、飲み物を入れたポットの注ぎ口をどこに向けて置いてあるか、飛行機に乗った際に見てほしい。注ぎ口は、中央に向けて置いてあるはずである。それは万が一機体が揺れたときに、ポットの口から飲み物が出て、お客様にかかってしまわないようにしているのである。また、飲み物を注ぐときは、お客様の頭より上で注がない。これもこぼしてお客様にかけないようにするためである。

お飲み物を渡すとき、「お待たせしました。」と言って、紙コップを両手で持って鶴丸のロゴをお客様の方に向けて渡す。これはこぼさないようにという配慮に加えて、丁寧な動作でお客様に敬意を表しているのである。窓際の席のお客様に渡す際には、通路側のお客様に「前を失礼いたします。」と一声かけて手渡す。これも通路側のお客様に間違って飲み物をこぼさないようにという配慮であるとともに、お客様の前のスペースを横切るお詫びの挨拶である。

このように機内でサービスをするときには、常に安全第一を考えて行動するようにキャビンアテンダントは徹底して教育される。飲み物のサービスが始まったら、キャビンアテンダントの優雅で無駄のない、安全を考えたサービスを観察してみよう。

（3）機内でのサプライズ(4)

数年前に私たち夫婦が経験した、機内でのサプライズについて話したいと思う。

私たちは40周年の結婚記念の旅でハワイに出かけることにした。チェックインの手続きをしたが、残念ながら満席のため席は離れ離れになってしまった。出発ゲートのカウンターで、夫が「40周年の結婚記念の旅なので、できたら隣合わせの席にならないか」と頼んでみたところ、何とか隣同士の席にしてくれた。

その後、私たちは、出発ゲートではグランドスタッフから、機内ではキャビンアテンダントから、お祝いの言葉を受けた。スタッフに私たちの情報が入っていて、一生懸命対応してくれることに感激をしながら、機内で過ごしていた。

食事のサービスがおわったときに、キャビンアテンダントからサプライズのカードとお祝いのケーキが届けられた（写真2―9）。

カードには、機長やキャビンアテンダント全員からのお祝いの言葉が書かれていた。さすがに驚いた私は、それらを持ってきてくれたキャビンアテンダントに御礼をいうと、彼女は笑顔で「ご結婚40周年おめでとうございます。そのような記念のご旅行に日本航空をお選びいただきありがとうございます。」とのお祝いの言葉を言ってくれた。

写真2－9　サプライズのカードとお祝いのケーキ

そのやりとりを見ていた隣のお客様からも、「すごいですね。こんなサービスをしていただけるんですね。おめでとうございます。」と笑顔で言葉をかけてもらった。年に1回はハワイを訪れているというそのお客様とは、ハワイでの過ごし方について会話が弾んだ。40周年の記念の旅行は素晴らしいスタートをきったのである。

飛行機を降りた私は荷物受取カウンターで、先ほどのキャビンアテンダントに、「実は私はOGなのです。先ほどは素敵なサプライズをありがとう。みなさんのサービスが素晴らしくて、OGとしてみなさんを誇りに思います。頑張ってくださいね。」と御礼を言った。帰国後、私はコメントカードに御礼と激励の言葉を書いてそれを本社に送った。なぜならば、ちょうどその時期は日本航空が経営破たんしていて、現場がとても苦しい時期でもあり、そんな中でお客様に一生懸命、サービスに努めている乗務員たちに感激したからであった。良いサービスに出会ったとき、それを言葉に出してあげることがサービス担当者にとって、なによりもモチベーションアップにつながる。それは私も身をもって知っていることである。

（4）スペシャルフライトのサービス

スペシャルフライトのサービスの1つとして、2009年3月3日に機長・整備確認主任者を除きすべて女性が担当した「ひなまつりフライト」（羽田―広島）、5月5日にキャビンアテンダント、地上係員もすべて男性が担当した「こいのぼりフライト」（羽田―鹿児島）が実施され、現在も続いているこのスペシャルフライトは社内の有志の発案で始まったという。

2018年3月3日には第10回目「ひなまつりフライト」（羽田―大分）が実施され、機長以外の副操縦士、キャビンアテンダント、グランドスタッフ、ラウンジ、整備士、機内食搭載、給油、オペレーションと運航に関わる職種を女性スタッフが担当した（写真2―10）。

羽田空港の搭乗ゲートにはひな人形が飾られ、多くの職種の女性スタッフが一堂に会し、ひなあられを振る舞いながらお客様を見送った。

写真2－10　第10回ひなまつりフライト

出所：J-CAST ニュース

「ひなまつりフライト」と同様に、5月5日には男性スタッフだけの「こいのぼりフライト」が行われており、２０１６年第10回目のフライト（福岡―羽田）では、キャビンアテンダントを含む全運航乗務を男性が担当した（写真2―11）。福岡空港ではこいのぼりフライト用のブースが設置され、ゲートにはこいのぼりなどが飾られていた。ＪＡＬ福岡空港支店では、子供向けにこいのぼりのイラスト入り搭乗券を用意し、ブースで名前を確認、子供たちに1枚ずつ手渡しをした。

このような季節のイベントによるスペシャルフライトに加えて、日本航空ではさまざまな特別塗装機を運航している。例えば、企業との期間限定のタイアップ企画として、ユー・エス・ジェイとの企画では、「ＪＡＬミニオンジェット」を運航し、機内にはミニオンのヘッドレストカバーや紙コップ、ぬいぐるみを用意するなど楽しい企画を行っている。これらのスペシャルフライトや特別塗装機は、エアライン・ビジネスの移動手段としての目的を果たすだけでなく、乗ること自体を目的にするというエアライン・ビジネスの新たな役割を提供している。

写真２－11　第10回ひなまつりフライト

出所：トラベルウォッチ

註

（１）２０１８年10月４日現在（ＪＡＬ企業ホームページより）。

（２）この着物着用サービスは、保安要員として緊急時脱出の際に素早い行動がとれないということから、１９７２年に中止となった。

（３）２０１１年11月から、呼称はキャビンアテンダントに変更されている。

（４）このエピソードは、山口（２０１５）より転記したものである。

引用文献

山口一美『感動を創る！　ホスピタリティ・マネジメント』創成社、２０１５年。

参考文献

Transportation and Cabin Service Departments of Japan Air Line 1970 Japan Air Lines747 Familiarization Manual.

日本航空客室部客室業務課「BOEING747　機内業務要領（RevisionNo.2）」、１９７０年。

日本航空統計資料部『日本航空社史１９７１－１９８１』、１９８５年。

日本航空「１９９８年2月６日　プレスリリース'98ＪＡＬ沖縄キャンペーン決定－「リゾッチャーサービス」導入－、－キャンペーンキャラクターに「反町隆史」さん起用－」、１９９８年。

日本航空「２０００年2月9日　プレスリリース〝ＪＡＬ、21世紀に向け、New『Resocha』を導入！〟～リゾートをもっと感じる、空の旅へ～」、２０００年。

参考ＵＲＬ

Ｊ－ＣＡＳＴニュース「機長以外スタッフら女性ばかり　ＪＡＬが10回目「ひなまつりフライト」」
https://www.j-cast.com/2018/03/03322708.html　２０１８年8月25日閲覧

トラベルウオッチ　ＪＡＬ福岡空港で男性スタッフだけの「こいのぼりフライト」。子供たちに手製のこいのぼりチケット　https://travel.watch.impress.co.jp/docs/news/1120229.html　２０１８年8月25日閲覧

『月刊エアステージ』２０１６年12月号。

月刊エアステージ編集部『２０１６ＪＡＬの客室乗務員になる本』イカロス出版、２０１６年。

マイナビニュース「ＪＡＬ、航空機の歴史２」
https://news.mynavi.jp/article/jal-1/　２０１８年8月25日閲覧

第3章　感動を生み出す仕組み

第1節　厳しい訓練が感動を生み出す

（1）6カ月の訓練

感動を生み出す仕組みは、エアライン・ビジネスで実施されている厳しくも適切な教育訓練からうまれる。適切な訓練は、社員に自分のやるべき仕事は何かを明確に認識させ、自分の仕事に対する自信を生み出す。ここでは、キャビンアテンダントに対する訓練について明らかにしたい。

①訓練の目的と流れ

1969年に私が経験した訓練について紹介したい。当時のJALのハンドブックによれば、研修の目的は、「客室乗務員として必要な知識、技術、常識および心構えについて、教

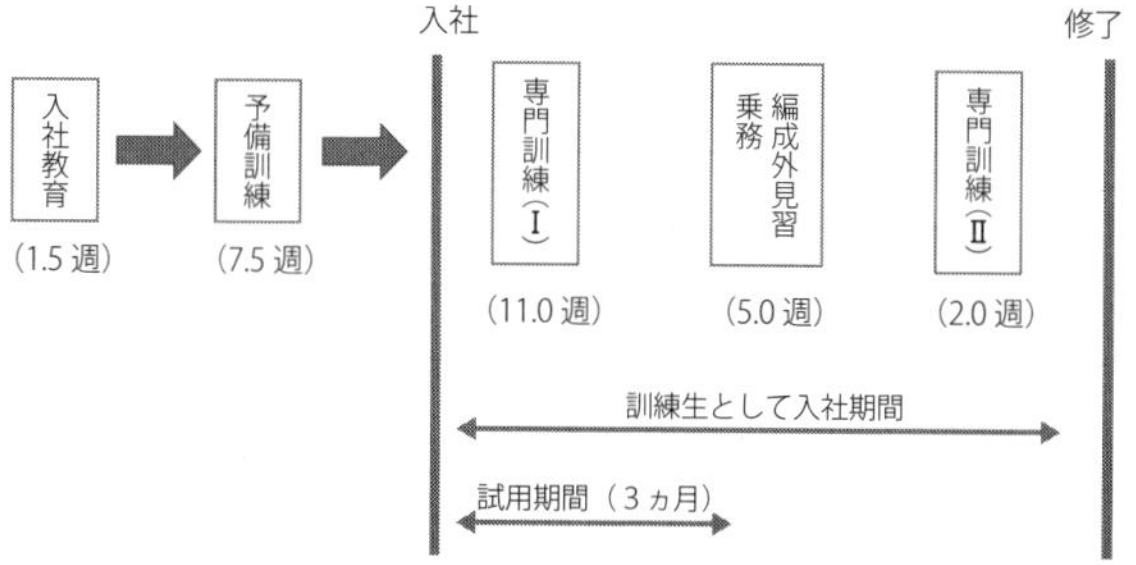

図３－１　スチュワーデスの訓練スケジュール
出所：日本航空客室訓練所（1969）より一部修正して作成。

育訓練を行うこと」としていた。さらにそこには、「激烈な航空会社の競争に打ち勝ち、日本航空の名声を更に高めるために、多種、広範囲の旅客にもっとも快適、安全な旅行を提供するよう誠意と機転に満ちたserviceを行い、完璧な保安知識を有した信頼性のある優秀な客室乗務員を養成することにある」と記載されている。この頃、戦後の日本の国力、経済成長のシンボルでもあった世界一周路線が開設されて数年がたち、ナショナル・フラッグ・キャリアであった日本航空にとっては、他国の航空会社との競争に打ち勝つためにも客室乗務員の教育は重要であったことがうかがえる。

スチュワーデスの訓練は、入社教育（1・5週）、予備訓練（7・5週）、専門訓練（I）（11・0週）、編成外見習乗務（5・0週）、専門訓練（II）（2・0

週）が行われた。合計時間は、なんと770時間にも及んだ（図3－1）。

1969年9月に始まった新入職員入社教育は、まず合宿訓練として6日間、神奈川県にあった大磯ロングビーチホテルでスタートした。朝6：30に起床して広場に集められた訓練生は、ラジオ体操後、マラソンをして、その後、広場での社旗掲揚、社歌斉唱を行ったのちに訓練に参加をした。1グループ18名～20名ずつに分けられた私たちは、リーダーの先輩社員の世話を受けながらさまざまな訓練に参加した。座学は、羽田整備場にある機装ビルで3日間行われた。これらの教育で学んだことは、会社の沿革や理念、社会人としての心構え、職場のマナーなど、そして与えられた課題に対してグループで協力し合って取り組むチームワークの重要性であった。

10月1日には、新設された訓練所で7・5週間の予定で予備訓練が始まった。そこで私たち91期生の20名は、月曜日から金曜日までは朝9時から午後5時まで、土曜日は

表3－1 スチュワーデス予備訓練の内容

教科	時間
入社手続	3
庶務事項	3
客室乗務員概要	7
英語一般	150
英語機内	22
接客技術	10
言葉遣い	9
Beauty Lesson	14
体育	15
茶道	14
一般常識	3
観光地理	7
個人指導	16
合計	276

出所：日本航空客室訓練所（1969）より一部修正して作成。

9時から12時まで英語と接客技術、言葉遣いやビューティレッスン、茶道や体育など専門知識の教育訓練を受けた（表3―1）。1週間に1回、英語と素養のテストがあり、基準点以上取らないと不合格になり再テストを受けることとなっていた。約2カ月後の11月末には最終試験が行われ、2名は不合格となり、専門訓練には進めないという厳しい現実が待っていた。

したがって、第一回専門訓練（11週間）は18名でのスタートとなった。専門訓練では、専門教育と引き続き英語の学習であった。専門訓練では、就航している飛行機について学ぶAircraft、ファーストクラスやエコノミークラスで提供する食事の種類やサービスの仕方について学ぶMealサービス、お酒の種類やカクテルの作り方を学ぶLiquorサービスなど、航空機から機内サービスまで、多くの知識を学ぶ。中でも緊急対応の講義は厳しく、スチュワーデスの職務として最も大事な保安要員としての教育は、なによりも優先して行われていたのである。

受ける授業内容すべてが、言わば未知との遭遇であり、次から次へと教わる新しい情報の洪水の中で、訓練生の多くがおぼれそうであった。例えば、liquorサービスで学ぶドイツとフランスのワインの産地や種類の違い、それらに合うチーズの種類など、今まで見たことも聞いたこともない情報に毎日が驚きの連続であった。一流のものを提供するためには、それに合う一流のサービスを習得しておく必要があり、そのためには世界に恥じない知識と所作、そして高い教養を持つことを求められたのである。

②楽しいモックアップの授業

大変な授業が多かった中で非常に楽しい授業は、モックアップでの授業であった。この授業では、訓練所内にある本物と同じにつくられた客室で、実際に機内で出されている飲み物や食事を使って、ロールプレイを通してサービスの提供の仕方を学ぶ。高級食材を使った料理、ワイン、カクテルなどの飲み物を実際に目で見て、扱って、そして味わってみることで、自分たちが提供しているものが何なのか、五感を使って学ぶ。これらの経験をすることで、自分の言葉で、お客様に、どのような味でどのような料理なのかを説明することができるようになるのである。

その授業では、お客様役をする訓練生が教官から指定された役割、外国人の男性客、子供づれの女性客など、それぞれの役割を行う。それに対して、スチュワーデスの役割を担当する訓練生は、実際にお客様に提供されている食事や飲み物を使ってサービス提供を行い、その際の言葉使いや飲み物の出し方について、教官や同期から間違っているサービスを指摘されたり助言されて、よりよいサービスの仕方を学ぶ。お客様役の人は、スチュワーデスに「今日の最初の食事のメニューは何ですか。」、「飲み物のおかわりを頂けますか。」など、機内で実際にお客様から聞かれるであろう質問を行う。スチュワーデス役の訓練生は、お客様役の訓練生の質問にどのように答えるのかをチェックされる。スチュワーデス役の訓練生にとっては、知識を持っているからといって行動できるとは限らないことを学ぶ。お客様役の訓練生にとっては、同期のスチュワーデスのサービスを受けることで、サービスを受ける側として「どのようなサービスを受けるとうれしいのか」に気づくことができる。相手の立場に立って考える力が身につく、学びの多い授業であった。知識を持った上でそれを使えるようになるには、実際の現場での経験が必要であることを身をもって教えてくれる授業であった。

お客様役をしたときには、機内で実際に提供される食事を食べることができる。それは役得であり、非常に楽しい時間であった。その当時、ローストビーフやキャビアなどを食べたことのある友人は、私の周りには1人もいなかった。私などは、チーズは雪印のプロセスチーズしか食べたことがなく、ブルーチーズを見たときに、カビが生えたチーズを食べるなんてと驚いたことを覚えている。私がブルーチーズと赤ワインの本当のおいしさをわかったのは、ずいぶん年月が経ってからであった。

③身だしなみを整える

ビューティレッスン（14時間）や第1回専門訓練の中で行われた着物の着付けの授業（4時間）も、楽しくワクワクする授業であった。とりわけビューティレッスンの中のメイクアップの授業では、資生堂のビューティ・コンサルタントが1人ひとりにメイクのアドバイスをしてくれ、口紅の色も、決められた色の中から自分に合う口紅を選んでつけることになっていた。制服にマッチさせるために、ピンク系の口紅が指定されていた。ヘアスタイルもいくつかのパターンから選ぶ。当時は基本的に短い髪で、下を向いたときに髪が顔にかからないことが必須であった。私は長い髪が好きだったこともあり、パターンの中に好きなヘアスタイルがなかったが、この中から選ばなくてはならなかった。

訓練所では、支給された制服を着用して訓練を受けるが、教室には全身が映る姿見があった。姿見は、いつも身だしなみがきちんとできているか、チェックするために置かれていた。必死の形相で研修を受けていて、ふとしたときに、髪の毛がぼさぼさで疲れ切った自分の顔が鏡に映ると、休憩時間に化粧室に駆け込み、身だしなみを整える必要があった。

その教室では、廊下側の窓にカーテンが引かれていなかった。どんなときにも常に人に見られているという意識を持つために、あえてカーテンが引かれていなかったのである。廊下はいろいろな人が行きかい、教室を横目で見ながら通るため、私たちは背筋を伸ばし、姿勢を正して講義を聞くよう心がける。最初は背中が痛くなるが、習慣になると姿勢を正して座っている方が疲れないということに気づく。これは、空港や機内で360度お客様の眼があることを意識して行動するための準備である。訓練所での厳しい指導で、普段の生活でも姿勢がよくなり、退職したあとでも元スチュワーデスは姿勢がいい。

壁全体にいくつもの鏡が設置してある教室では、ビューティレッスンの1つとして、身のこなし・歩き方の講座を受け、頭の上に本を乗せて姿勢を正して歩く練習を行った。姿勢と歩き方が悪いと、本はすぐに床に落ちる。あっちでもこっちでも本の落ちる音がして、にぎやかな授業であった。

11週間の第1回専門訓練が終わり、編成外見習いとして5週間の乗務を終え、その後、編成外見習いで体得した機内実務をもととする第2回専門訓練を受け、適性ありと判断されるとチェックアウトとなった。卒業試験の英語で合格点に達した人は国際線乗務となり、それ以外の人は国内線乗務となり、再度、英語の試験を受けることとなった。

6カ月以上あった訓練で学んだことは数多くあり、その後の人生に大きな影響を及ぼした。笑顔で挨拶をすること、気配り、心配りをしてお客様が喜ぶことを常に考え行動することから始まり、食事のマナーやサービスの仕方など、訓練所で学んだことは人間関係を築く基礎になっており、今でもそれが役に立っている。

④現在のキャビンアテンダントの訓練とキャリア・パス

現在の訓練については、各エアライン・ビジネスのホームページに記載されているが、ちなみに日本航空は次のように実施されている。

入社後、初期訓練が約2カ月行われる。そこではまず全職共通の新入社員研修を受け、キャビンアテンダント専門訓練が約8週間行われる。サービス要員としての知識や技術を身につけるため、まず「サービスマインド」では、お客様の視点を持つことや感謝の気持ちを伝えるコミュニケーションの重要性、お客様のニーズに気づくための気づきの醸成などを学ぶ。「救難訓練」では、保安要員としての役割を果たすために重要となる緊急脱出手順や緊急脱出訓練、保安対策、緊急用具の取扱いなどの知識に加えて、緊急事態が発生した場合にどのように行動すればよいのかの訓練が行われる。「知識と技量」では、日ごろの乗務で守るべき基本事項を確実に実行し、安全に業務を遂行することを学ぶ「日常安全」や、機内での適切な救護法である「ファーストエイド」、航空機についての知識である「航空機について」、高齢者や乳幼児づれのお客様の対応を学ぶ「手伝いを必要とする乗客のケア」、お客様に伝えるべき情報をわかりやすく伝える「機内アナウンス」、ロールプレイ形式で学ぶ「英語」、モックアップで実際の業務の流れに沿って学ぶ「機内乗務全般」などを受講する。これらの訓練に合格すると、約2週間のＯＪＴ[1]乗務訓練が行われ、実際のフライトで実地訓練を行う。編成外のメンバーとして、指導役の先輩キャビンアテンダントの指導を受けながら乗務する。ＯＪＴを終えて乗務適性があると評価されて「チェックアウト」となり、正規のキャビンアテンダントとして国内線の乗務となる。

入社2年目になると約1カ月の国際線移行訓練が行われ、短距離、中距離、長距離路線と4回程度のＯＪＴがある。その後も「メンター」と呼ばれる年次の近い先輩乗務員が1年間、公私にわたって相談にのってくれる。3年目には国際線ファーストクラス訓練、4年目以降は、リードキャビンアテンダントの昇格訓練、チーフキャビンアテンダント、管理職と、キャビンアテンダントのキャリア・パスは続いていくのである（図3―2）。

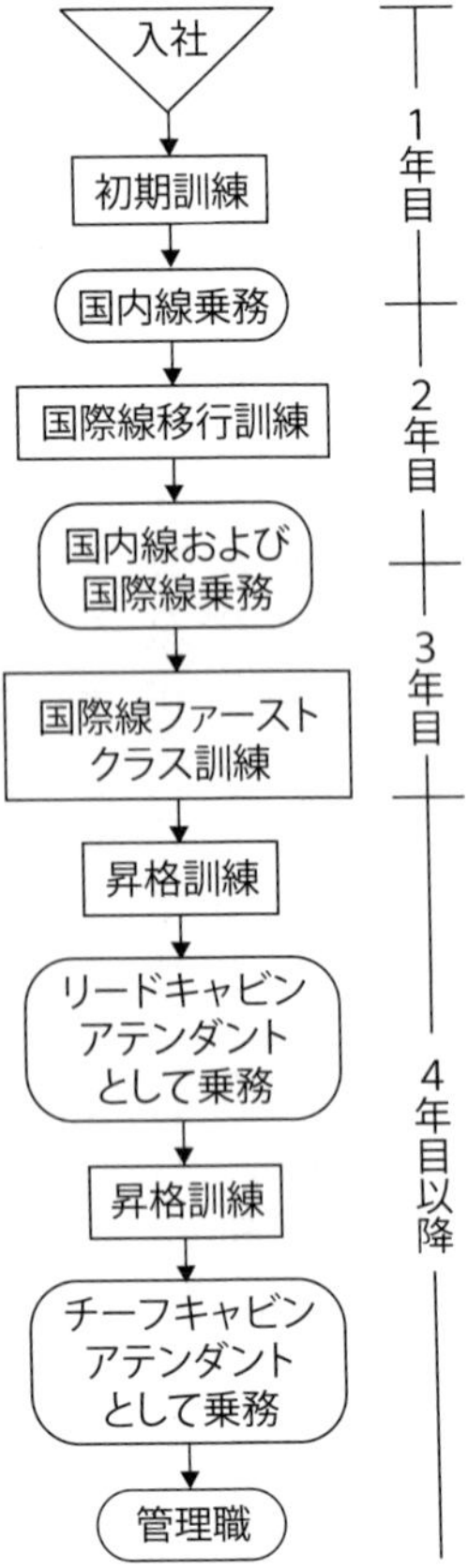

図3－2　現在の日本航空のキャリア・パス

出所：山口（2015）p.216より転記。

（2） たかが笑顔、されど笑顔

「いつも笑顔でいること」、その重要性は訓練や実際の業務を通して学ぶ。それは、「たかが笑顔、されど笑顔」と言われているように、笑顔が人に与える影響が大きいからである。

例えば、

①笑顔は人に安心感を与える

ある乗務で空港を飛び立って3時間ほどたったとき、シートベルトのサインがつき、シートベルトを締めるようにとのパーサーのアナウンスが流れた。私たちスチュワーデスは食事のサービスの途中だったが、お客様のシートベルト装着のチェックをして、自分たちも乗務員席に座った。当時、新人だった私は、すこし揺れ始めた機体に不安になり緊張して座っていたところ、先輩のスチュワーデスから、「顔が引きつっているわよ。大丈夫だから笑顔をだしなさい。」と注意された。その直後、激しくなった揺れに、何人かのお客様が不安そうに私たちのほうを振り返った。そんなお客様に私は、「大丈夫ですよ。」というように笑顔でうなずいた。それに対して、お客様も照れくさそうな笑顔を見せて前を向いた。

揺れが収まってからサービスを再開したとき、先ほどのお客様が話しかけてきた。

「さっきはずいぶん揺れたね。ちょっと怖かったけど、君たちが笑顔で落ち着いていたので、安心したよ。」

このお客様の言葉を聞いて、私たちがいたずらに不安がっていたら、それが表情に出てしまう、笑顔ひとつでお客様に安心感を与えることができると実感したのである。

②笑顔は自分自身を冷静にさせる

疲れてイライラしたり、心配になったとき、私は時間を見つけて、化粧室に行くことにしている。そこでやることは、鏡の前で一息いれながら笑顔の表情をつくることだ。そうするとなんとなく落ち着いた気分になるからである。

なぜそう感じるのか。少し学問的な話をさせてもらうと、ミシガン大学のザイアンスは、表情筋の動きによって生じる脳内の血管系の温度変化が、特定の感情を引き起こすという説をとなえている。この説について、志水彰氏らは『人はなぜ笑うのか』という本の中で次のように説明している。

鼻の奥にある海綿静脈洞が脳に供給する血液の温度上昇を抑える役割をしていて、ある表情筋が緊張すると海綿静脈洞の血流が変化し、同時に鼻腔に取り込まれる空気の量も変化する。血液と空気量を変化させることによって、脳に送られる血液の温度が調整されるというのである。つまり笑顔の表情は、それに伴う表情筋の働きによって海綿静脈洞へ向かう静脈の血液の量を増やし、鼻の奥へ取り込む空気の量を多くするため、脳へ向かう血液を冷却する働きがある。脳に向かう血液が冷却されるので、人に心地よい感情を感じさせるのである。反対に怒ったときの表情は、海綿静脈洞への血液の量を減らしたり、取り込む空気の量を少なくするため、脳に向かう血液の温度を高め、不快な感情を感じさせると考えられている。笑顔の表情を作ることで、冷静になったり、気分が爽快になったりするのである。

また、笑顔の表情が喜びの感情を引き起こすという説もある。アメリカの心理学者のトムキンスが、顔面フィードバック説を唱えていて、それによると筋肉からの情報によって感情が生じるという。つまり表情筋の笑顔の活動パターンが脳の中枢にフィードバックされ、笑顔を作る表情筋が動いているのだから、うれしいという感情が出るべきであるということで、うれしいという感情がわくというのである。

顔には表情筋があり、その筋肉の中でも笑顔の表情は、主に目の周りにある眼輪筋と口の端から耳の下に続いている大頬骨筋を動かして作られる（図3—3）。

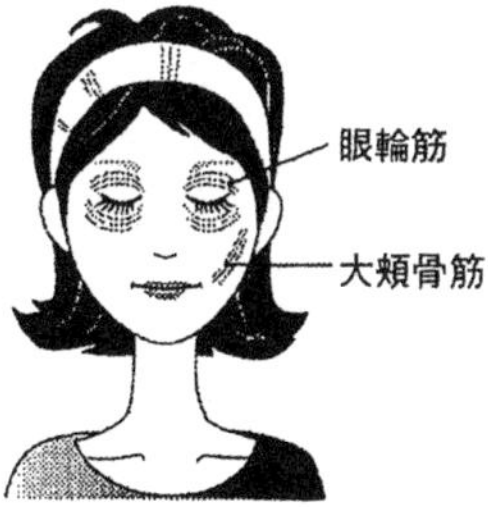

図３－３　笑顔と表情筋

出所：山口（2011）p.112より転記。

笑顔を表すことはお客様に安心感を与えるだけでなく、好感を持たれ、歓迎の気持ちを示すことができる。しかも笑顔を表している本人も冷静になり、気分も爽快になる。気分爽快であれば、良いサービスを提供することができる。笑顔が創り出すプラスのスパイラル効果は感動を生み出す。

（3）清潔な身だしなみと丁寧な言葉使い

清潔な身だしなみは、スチュワーデスとしての基本のマナーである。例えば、制服の肩にフケが落ちているなどは問題外だが、長い髪を1つにまとめずにおろしていた場合、お客様はそれをみて魅力的だと思うであろうか。スチュワーデスとしてふさわしくない、あるいはだらしがないと思うであろう。

それはなぜか。機内では飲み物や食事のサービスを行う。その時に長い髪が落ちてきて、髪の毛が飲み物に入ってしまうこともありえる。そのようなことがないように、長い髪は1つにまとめるなどして、顔にかかってこないようにするのが基本のマナーである。食品を扱う人が髪をまとめてサービスをするのは、望ましい行動であると一般的には思われている。

マナーとは、社会心理学者の大坊郁夫氏によれば、それぞれの場面、関係において望ましいとされる行動の仕方であるとされている。つまり、人に不快な思いをさせないようにするための守るべき行動の仕方といえる。したがって、自分のためにする「オシャレ」と違って、「マナー」は相手のためにするものなのだ。自分は髪をおろしていた方が好きだとしても、職場では、お客様が不快に思わないように髪をまとめる必要がある。とりわけスチュワーデスは、食品を扱う仕事であるとともに、なによりも保安要員である。長い髪をおろし

ている と脱出の際に髪の毛が非常ドアにはさまったりして、お客様を誘導できないことも起こる。そのことから、長い髪の毛は結んでいる必要がある。

丁寧な言葉使いも基本のマナーの1つである。丁寧な言葉使いができるようになるには、敬語を理解する必要がある。敬語は、主に尊敬語、謙譲語、丁寧語の3つに分けられ、地位、年齢、立場の違い、親しさの度合いによって使い分ける。この使い分けが正しく行われないと、教養のない人と評価される。尊敬語は、相手ならびに話の中の人の動作や状態を敬う言葉である。謙譲語は、自分のことおよび自分側の人に関してへりくだった言い方をして、間接的に相手を敬う言葉である。最後に、丁寧語はものごとを丁寧に言う言葉である。

例えば、機内販売の商品を見たいお客様からの問いかけに次のように答えたら、お客様は敬語が正しく使えていて丁寧な対応をしてもらっていると感じるだろうか。

お客様「このカタログにあるスカーフが見たいんだけど・・」
スチュワーデス「はい、今持ってきますので、お待ちください。」

一見丁寧に言っているようだが、間違えだらけである。「はい、今持ってきますので」は、

「はい、かしこまりました」とまず了解したことをきちんと伝える。さらに「今持ってきます」は、「今」は「ただ今」とし、持ってくるという動作をするのはスチュワーデス自身なので、謙譲語を使い「お持ちします」に変える。「お待ちください」は丁寧な言葉を使ってはいるが命令形になっているので、「お待ちになっていただけますか」と疑問形にして、お客様の意志を聞く形にする。このように直すと会話は次のようになる。

お客様「このカタログにあるスカーフが見たいんだけど・・」
スチュワーデス「はい、かしこまりました。ただ今お持ちしますので、お待ちになっていただけますか。」

敬語は難しい。乗務したてのとき、私はよく尊敬語と謙譲語の使い方を間違えることが多かった。尊敬語はお客様を上に、謙譲語は自分を下げる働きがあるということを忘れないようにしよう（図3—4）。

お客様は友人ではないので、敬語は欠かせない。また、同僚間や上司との間でも、相手を敬う気持ちを表現する敬語は必要である。正しい敬語を使った丁寧な言葉使いは、良い人間

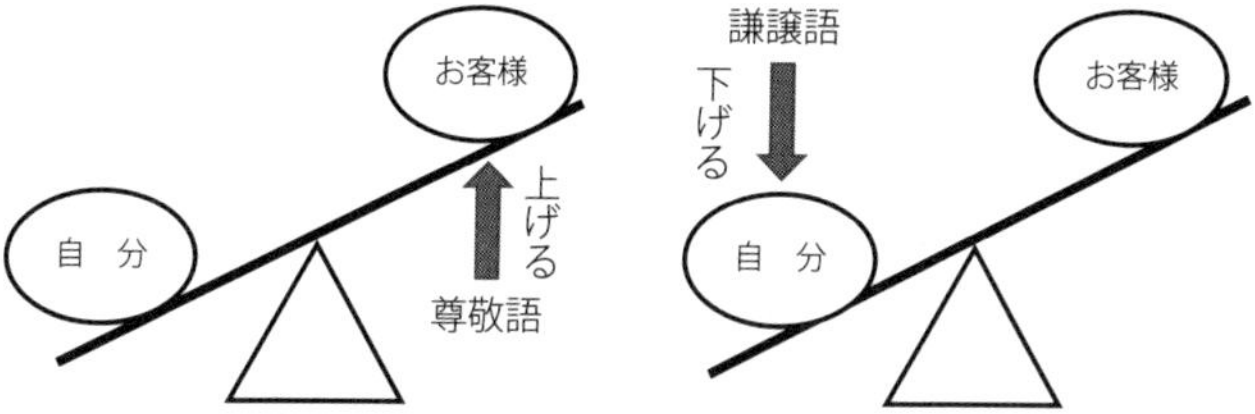

図3－4　尊敬語と謙譲語の働き

関係を維持していくために重要な役割を果たす。丁寧な言葉使いは付け焼刃ではできないことから、普段から敬語に慣れ、丁寧な言葉を使うよう心がけたい。

清潔な身だしなみと丁寧な言葉使いは、感動を生み出す第一歩である。

（4）常に向上すること

サービスは常に更新される。そのため常に学び、向上したいという気持ちがないとスチュワーデスは務まらない。また、煩雑に更新されるサービスや運賃などについてもチェックを怠らず、学ぶ必要がある。入社してから初期訓練、移行訓練、昇格訓練があるだけでなく、年1回は保安要員としての保安訓練があるなど、学びは継続して行われる。

マニュアルで決められたサービスを提供することは、基本のキである。基本を理解した上で個々のお客様の要望を察知してサービスを提供することが、感動するサービスを提供することにつながる。サービスには限界がなく、100人のお客様がいれば100通りのサービスの仕方がある。では、100通りのサービスの仕方はどうやって身につければよいのだろうか。その方法は1つではないだろう。それは、1人ひとりが自分に必要だと考えた学びを行う必要があるからである。

例えば私の先輩は、お客様にワインについて尋ねられたのをきっかけに、お食事に合ったワインを知りたいと勉強をし始め、大のワイン好きになった。勉強をしていくうちに、ワインの奥深い魅力にはまり、とうとうワインのソムリエの資格をとってしまった。その結果、ビジネスクラスやファーストクラスのサービスをする際にお食事に合ったワインをお勧めするだけでなく、ワインを通して会話がはずみ、ワイン好きのお客様には到着地でのワインのおいしいレストランをお勧めできるなど、お客様の興味に合ったサービスを提供することが可能となった。また喜んでくださるお客様の姿は、彼女自身のさらなる学びへのモチベーションにもつながっている。

また、ある先輩は、どのお客様に対しても心のこもったサービスをしなくてはならないということは頭ではわかっているが、たまにどうしても苦手なお客様がいて、あまり良いサービスができないと悩んでいた。そんなときに、友人から「交流分析（Transactional

Analysis)」を勉強するといいかもしれないと勧められた。そこで、仕事が休みのときに研修会に参加し、勉強をし始めた。何度か研修会で勉強をしているうちに、自分の行動のパターンがわかってきて、少しずつ自分の行動を変えることを意識し始めた。しばらく勉強を続けていくうちに、以前は苦手なタイプだと思っていたお客様ともスムーズにコミュニケーションができるようになり、心からサービスをすることを楽しめるようになったという。

「交流分析」とは、アメリカの精神科医エリック・バーン氏によって創始された人間行動に関する理論で、自己発見と人間理解、よりよい人間関係を求める「気づき」の科学といわれている。つまり、「交流分析」では相手を変えるよりも自分の行動に気づき、自分を変えることが先決と考える。自分の行動のパターンを知った上で、自分の行動を変えることで円滑なコミュニケーションを行い、よりよい人間関係を構築することを目的としている。「交流分析」は、いろいろなタイプのお客様とのコミュニケーションを円滑にするための示唆を与えてくれるため、学んでいるスチュワーデスも多い。私も先輩の話を聞いて、研修会に参加して勉強し、さまざまなお客様とのコミュニケーションに役立てていた。

以上のように、個々のお客様のニーズに合ったサービスを提供するために、各自が思い思いの学びを実践している。常に向上したいと考え、そのために必要なことを学んでいくことは、感動経験を創り出すために必要なことなのである。

第2節　自分も感動経験

(1)「本物」を体験する

人間の脳は、たった一度の体験から多くのものを学ぶと言われている。だからこそ本物を体験することが大事である。『感動する脳』という本で茂木健一郎氏は、最初に体験したものがまがいものであったり、いい加減なものであったりすれば、人の脳はその間違った情報に振り回されることになる。本物に触れることでまがいものを見分ける目が養われ、より高いビジョンを抱くことができる。今では、その場所に行かなくてもほとんどのものは、家のコンピュータ画面でみることができる。しかしそれはあくまでも画像であって、記憶の一端として残るかもしれないが、脳に刻まれるような体験としては残らない。時間の許す限り、本物を見に行く。本物にはバーチャルにはない感動がある。心を動かしてくれる何かがある。だから本物と言えるといっている。

スチュワーデスとして乗務することで、私は幸運なことに現地で「本物」を体験する機会が多くあった。第1章でも少し触れたが、例えば、私が南回り路線の乗務で、はじめてイタリアのローマに行ったとき、先輩と一緒にコロッセオ、フォロ・ロマーノ、カラカラ浴場など、現在はイタリアの世界遺産となっている場所に行った（写真3―1）。

写真3－1　フォロ・ロマーノにて

まず、世界史の本に出ていたローマの円形闘技場であったコロッセオを目にしたとき、その圧倒的な存在感にしばし声をあげることもできなかった。内部に入り、紀元前80年に完成し、1日に5万人もの観客が座っていたという場所に座ったとき、この場所に今までどのくらいの人数の人が座り、それらの人々は何を考え、どのような人生を送ったのだろうか、気の遠くなるような日々が過ぎていったにもかかわらず、このコロッセオはそのまま佇んでいる。その時の思いや情景は、今でも私の脳に刻まれている。本物は心を動かしてくれる何かがある。

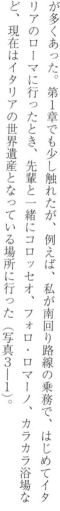

（2）感動を脳に刻む

茂木氏は、こうも言っている。

「美しいものに触れて感動する。新しい体験や発見に出会って感動する。その一瞬のつみ重ねが人生を豊かにする。感動する脳は鍛えれば鍛えるほどグレード・アップする。限界はない。個々の体験は創造性を生むものとして大切。脳にとって無駄になる体験はない。すべてが創造性にとって必要な体験である。」

つまり新しいものを生み出すためには、そのもとになる体験が必要ということなのだ。何もないところから、新しいものは生まれない。訓練時代から、教官にいつも言われていた言葉、それは「台所で即席ラーメンを食べていては、良いサービスはできない」というものであった。つまり、外へ出て、味わったことのない料理を食べ、今までに体験したことのないサービスに出会って感動する脳を鍛えること。そして、体験を単なる体験で終わらせず、そこから新たな知識や技術を得て、経験として蓄積せよということであった。

乗務で行ったロンドンでのステイのときであった。先輩のスチュワーデスから、転勤でロンドンに住んでいる彼女の大学時代の友人がロンドンの郊外を案内してくれるので、一緒に行かないかと誘われた。ロンドン郊外をしばらくドライブしたあと、ティータイムにしようということになり、郊外のカフェに入った。小さなコテッジ風のカフェの窓からはギンガムチェックのカーテンが見え、中に入るとおいしそうなスコーンの焼ける匂いが漂っていた。温かい笑顔の白髪の女性に席に案内され、私たちはそのスコーンとミルクティーを注文した。ほどなくすると自家製のジャム、バター、はちみつ、生クリームを添えたスコーンとミルクティーが運ばれてきた。私は、先輩たちが学生時代の思い出話に花を咲かせているのを聞きながら、店主の想いがこもったスコーンを食べていると、「ティーのお替りはいかが。」とそっと近づいてきてくれた。さりげなく私たちの様子を観察していたのであろう。先輩たちの話がひと段落して会話がすこし途切れたときに、来てくれたのである。その後も、スコーンやジャム、バターなどのお替りを聞きに来てくれたりと、気持ちの良いサービスを受けた。時の経つのを忘れるほど幸せな気持ちになったティータイムであった。

なぜこんなに幸せな気持ちになったのだろうか。それはスコーンやミルクティーがおいしかったのはもちろんだが、なによりも温かい笑顔の持ち主である白髪の女性のサービスが理由だと思う。必要なときに必要なサービスをしてくれたことで、スコーンもミルクティーも最もおいしい状態で食べることができたし、楽しい会話もサービスで邪魔されることもなかった。つまり、彼女が提供してくれたサービスは、私たちがイギリスでのティータイムをじっくりと味わうことができるように、私たちの気持ちに添った思いやり溢れたサービスだったのである。まさに郊外のカフェでしか味わえない本物のサービスを体験したのである。このように感動した体験から得られたサービスの知識は、記憶に残る感動経験となり、いつまでも忘れないということを知ったのもこのときであった。

未知なるものに出会った時に、できる限りそれを素直に受け入れて自分のものにする。そのプロセスにこそ感動がある。感動というのは、脳が自ら変わるきっかけを察知し、それを逃がさないように感動や記憶システムを活性化するということである。感動しないということは、もう自分の世界観や経験を広げる必要がないと、脳が判断してしまうことであり、そうなると人生を変えるきっかけをつかむことはできないと茂木氏は述べている。一度しかない人生、たくさんの人たちに出会い、初めての街や風景に出会い、異なる文化や伝統に触れる。それらから得た感動を脳に刻むようにしよう。そうすれば、人生はもっと楽しくて豊かなものになるに違いない。

（3）感動のサービスはマニュアルからは生まれない

マニュアル（Manual）とは、Manuがラテン語の〝手〟を意味することから、手引書というとわかりやすい。つまり、作業の指示書であり、果たすべき仕事の具体的内容を記載したもので、その通りに実行すれば、どの人が行っても同じような結果が得られるように文章にわかりやすく表現したものである。企業内に存在するいろいろな行動の中から、最も優れた行動を抽出して、それを標準として一般化をしようとするものでもある。したがって、まずは仕事そのものができるようになるためには、このマニュアルに書いてあることを理解し、覚え、それにそって行動できるようになる必要がある。スチュワーデスにとってもこのマニュアルがないと、機内に入ってどこにどの安全機材があって、どのようにチェックすればよいのかわからない。マニュアルは、仕事をするための指示書である。

しかし、このマニュアルは使い方によっては弊害が出る。それはマニュアルで決まったことしかできない人間を作り出してしまう危険性があるのだ。つまりマニュアルにあることだけをとにかくしようと思い、それだけで満足をしてしまって、自分で考えない、問題意識を持たない人間を作り出す危険性がある。それは、マニュアルが本来は良いサービスをするための手段としてのマニュアルであったのにも関わらず、マニュアルを遵守することが目的になってしまっているために起こる。画一的なサービスは個々のお客様のニーズを無視したサービスであり、それを押し付けることになるのである。

そうならないためには、どのようにマニュアルをとらえていく必要があるのだろうか。第一に、①マニュアルは関係者の合意に基づく決めごとであると認識し、常に見直しを図ることができる「約束ごと」であると位置づけることが重要である。サービス現場の状況やお客様のニーズに一致するようにサービスを変える必要があれば、それに合わせてマニュアルを変化させる必要がある。②マニュアルは最低限の取り決めで、例外を許さない絶対唯一の決めごとではないことを理解すること。1人ひとりのお客様のニーズが異なることから、マニュアルを超えた、マニュアルには書かれていないサービスの必要性が出てくることを理解することである。③マニュアルがすべてではなく、組織ぐるみの体制が重要である。つまり、サービスの現場でお客様のニーズに合わせてサービスを提供することを組織が理解し、サポートする組織の体制が重要となるのである。

お客様に対して、選択肢はなるべく多く用意をする。しかし、決めるのはお客様である。自分が良かれと思ってやったことが、お客様が望んでいることと一致するとは限らない。つまり、先輩にいつも言われたことは、「サービスは、私たちが決めつけるものではない。これを忘れたら単なるサービスの押し付けになってしまう。」ということである。

今でも忘れられないのは、ファーストクラスのお客様にサービスをしたときのことである。静かに新聞を読んでいるお客様のコーヒーがなくなったのに気付いた私は、マニュアルに従ってコーヒーのお替りを持って行った。

明るく元気な声で、「Would you like to have more coffee ?（もう少しコーヒーはいかがですか?）」と声をかけたところ、いやそうな顔をして、手でいらないと合図をされた。静かに新聞を読みたいお客様にとっては、ただうるさいだけの邪魔な押し付けサービスであったのである。マニュアルからは感動のサービスは生まれない。

（4）茶の湯を通して感動を学ぶ

茶の湯は、日本独自の文化の1つである。それは茶道とも呼ばれる。私たち日本人はお客様を迎えるとき、家庭でも会社でもまずは一杯のお茶でもてなしをする。スチュワーデスの予備訓練で茶道の講義や実習が14時間あったのは、一杯のお茶のもてなしの意味を理解するためだったのである。

お茶を飲む習慣が始まったのは平安時代と言われ、お茶の種は中国の僧侶によって、仏教とともに日本にもたらされたと言われている。禅宗の祖である栄西禅師がお茶の種を京都に持ち帰り、お茶を飲む喫茶の風習を広めた。そして茶の湯を芸術の域にまで高めたのは、千利休である。

千利休は茶の湯の心こそがもてなしの心であり、そのもてなしの心を表すために、「利休七則」を説いている。「利休七則」とは、①茶は服のよきように点て、②炭は湯の湧くように置き、③夏は涼しく冬は暖かに、④花は野にあるように活け、⑤刻限は早めに、⑥降らずとも雨の用意、⑦相客に心せよ、である。それぞれを簡単に説明すると、①はお茶を点てるときは相手の状況や気持ちを考えて点てること、つまり、相手にとってちょうど良い温度とお茶の分量で点てることがもてなしであるというのである。②は湯が速く沸くように炭を置くということではなく、準備をする際に心を込めて的確に行うことが大事であると説いている。③は客が夏は涼しく快適に、冬は暖かく過ごせるように環境を整えてもてなすように、つまり、もてなしをする際には、すべては相手が心地よくなることを念頭において行いなさいと述べている。④は野に咲く花は、豪華な花瓶に活けても本来の美しさを表すことはできない。ものの本質を知って、その目的や状況に合った演出をすることが大事である。⑤は何事にも心にゆとりを持って行うことを説いている。常に心にゆとりを持っていることで、相手に対して思いやりを持ったおもてなしができるという。⑥は相手のために万全の備えをすることを指している。雨が降ってきたときに傘を用意するのは当たり前。しかし雨は降らないと言われていたとしても、万が一の時を考えて雨傘を用意しておくこと。つまり、備えをしておくことは客への気遣いであり、もてなしであるというのである。⑦は同席をした客に対して気を配ることを指している。縁があって出会った人との出会いを大切にすること。今出会っているこの時は二度と来ない、つまり「一期一会」であるので、気を遣ってもてなしをすることが大事だというのだ。

この「利休七則」は、エアライン・ビジネスはもとよりすべてのホスピタリティ産業にとって重要な行動規範である。サービスを提供する側の都合でサービスをするのではなく、お客様の状況や気持ちを考えてサービスをする。そのようなサービスをするには、周到な準備が必要であり、お客様が心地良くなるような環境を整えることが必要。物事の本質をとらえて、その目的や状況に合ったサービスを提供する。例えば、ハネムーンのお客様と、出張で飛行機を利用しているお客様とでは状況も目的も大きく異なっている。それらを理解してサービスを行う必要がある。バタバタと準備をするのではなく、時間的にも心にもゆとりを持って準備をすること、さらに、今この時に出会ったお客様とは二度とお目にかかることは少ない。「一期一会」であることを肝に銘じてサービスをする必要がある。

主人としては茶事を催し、考え抜いた趣向によってお客様に満足してもらい、そのことで

「人を招く悦び」を享受する。客は主人のもてなしを察し、的確に応じる。そこで主客間に深いコミュニケーションが成立し、双方にとっての喜び、楽しみになるという。

エアライン・ビジネスにおいても、限られた時間と空間の中で考えうるサービスを提供した結果、お客様から感謝の言葉をいただいたり、「また利用しますね。」と言ってお客様が笑顔で降機する。これらのお客様の姿を見ることが、自分たちのやりがいや喜びにつながる。つまりエアライン・ビジネスにおいても、双方に喜びや感動が生まれるのである。茶の湯の「おもてなしの心」を学ぶことは、感動のサービスを提供するためのヒントを私たちに与えてくれる。

第3節　さまざまなエピソード

空港や機内では、感動するエピソード、悲しいエピソード、そして苦笑いしてしまうエピソードなど数多くあるが、ここでは紙面の関係上、その一部を紹介する。

（1）お客様からいただいた指輪

私が一人前のスチュワーデスとして仕事を始めたころに経験したエピソードを1つ紹介したい。

スペイン人の30代前半の女性のお客様とそのご両親が乗っていらしたときのことである。その時のフライトではスペイン語のわかる乗務員は乗っていなかった。私が知っているスペイン語はグラシアス（ありがとう）やアディオス（さようなら）のみという状態であった。そこで食事のサービスでは、私が言葉でのコミュニケーションができないので、1つひとつ実物をお見せして選択をしていただくようにした。例えば、コーヒーや紅茶はポットの中身をお見せするなどして選んでいただいた。コールボタンで呼ばれていくと、寒いというような動作をなさったので毛布をお持ちしたり、お母さまが温かいお飲み物がほしいとおっしゃっている（と推測した）のでそれをお持ちしたりと、できる限りのサービスをするよう努めた。そのフライトはほぼ満席に近い状態であったのでかなり忙しいフライトであったが、日本での滞在を楽しんでいただきたい、そのためにはまずは機内で快適に過ごしていただきたいという思いの方が強かった。

羽田空港についたとき、そのお客様がニコニコ笑って「グラシアス！　グラシアス！」と言って、私に握手を求めてきた。「どういたしまして」という私に、彼女はさらに私を抱きしめたかと思うと、自分がしていた何本かの指輪の1つを抜き、私の手のひらにそれを乗せた。私は「ノー、ノー」と言いながらその指輪を返そうとすると、「いいから、いいから、ぜひもらって（と恐らく言っていた）」と私に指輪をくださった。他にもお客様がいらっしゃるので、あまり押し問答になってもと思ったときに、パーサーが近づいてきた。そこで、パーサーに「こちらのお客様が指輪をくださると言っているのですが、どうしたらいいでしょうか」と言うと、パーサーが「せっかくだからいただいたら」というアドバイス。そこで、お客様に「グラシアス」と言うと、彼女は笑顔でうなずいて、満足そうにその指輪を私の指にはめてくれた。そして「ムーチャス　グラシアス（本当にありがとう）。アディオス」と言って、私の手を握った。最後まで笑顔で「グラシアス」と言いながら、飛行機をおりていった。

あとにも先にもお客様ご自身が身に付けているものをいただいたのは、初めてであった。あんなに喜んでいただき、私は嬉しくて疲れもどこかへ飛んで行ってしまった。そのとき学んだことは、言葉はあくまでも道具であり、その道具が使えるにこしたことはないが、なによりも大事なのは相手を思う気持ちであり、その気持ちを持って相手の立場に立って行動を起こすことで、その心は相手に伝わるということが実感できた出来事であった。

（2）連携プレーでピンチを脱出！

大学で私のゼミナールに所属してゼミ長をしてくれた1期生の吉國（旧姓西村）光代さんは、さわやかな笑顔で楚々とした美人であった。その彼女がグランドスタッフとして勤務していたときのエピソードを紹介する。

今から7年ほど前のこと。その日、私はトラフィック業務の仕事をしていた。トラフィック業務とは、出発のお客様のお見送り、到着されたお客様のお出迎え、お乗り継ぎのお客様のお手伝いをする仕事をさす。

夜8時近くなり、ほぼすべての出発便が終わろうとしていたところ、出発したはずの小松行き最終便がＧＴＢ（グランドターンバック）、つまり離陸準備をしていた飛行機がなんらかのトラブルで駐機場に戻ってくるという連絡が入った。原因はエンジン関係のトラブルのようで、整備作業には時間がかかるとのことであった。機材変更をするには、システム上で再度お客様のチェックイン、飛行機のバランス計算のやり直しなどをする必要があり、さらに時間がかかる。また小松空港の離着陸制限時間は夜9時30分のため、あと20分以内に飛行機を出発させないと小松空港に着陸できなくなる状況であった。そんな時、あるスタッフがGTBしてくる飛行機の隣の駐機場に、同じ機種の飛行機があることに気が付いた。同じ機種ならシステム上でお客様のチェックインをやり直すことも、飛行機のバランス計算のやり直しをすることも時間がかからずにできることから、隣のその飛行機を使うことになった。客室のキャビンアテンダントのチーフから「隣のゲートなら、この飛行機から飲み物のカートを持っていくのはどうでしょうか？　グランドスタッフさんが一緒に運んでくださるなら、新しいものを搬入するより速いと思います。」との提案があり、そのことを上司、コックピットクルーに伝えるとどちらも許可を出してくれ、そこから私たちグランドスタッフとキャビンアテンダントとの連携プレーが始まった。まずお客様に降機していただき、スタッフ誘導のもと隣の搭乗口に移動していただく。その間にコックピットクルー、キャビンアテンダントが新しい飛行機に移動し客室内の準備を進める。同時に清掃スタッフも入り機内準備を進める。一部のキャビンアテンダントとグランドスタッフがカートを取り出し、新しい飛行機に運ぶ。お互い声を掛け合い、あっという間にカートは新しい飛行機に運ばれた。その間にシステム上でチェックインのやり直しやバランス計算は終わり、客室内も準備が整ったとのことで、お客様を機内へとご案内することができた。離陸のためにドアを閉める際、キャビンアテンダントのチーフから「ありがとうございました。すばらしい連携プレーでしたね。」と声をかけていただき、私たちも気持ち良く送り出すことができた。出発時刻が遅れたにもかかわらずお客様からクレームはなく、無事に小松空港に着陸できたと聞いた時は胸をなでおろした。

後日、その便に搭乗されたお客様から、その日担当したスタッフ全員のチームワークが素晴らしかったとお褒めとお礼のお手紙をいただいた。そのお手紙をいただいた時は本当に感激し、嬉しくなった。部署に関わらず、ＪＡＬのスタッフとして最高のチームワークで仕事をした結果、お客様にも気持ちが伝わったことに嬉しく思い、今後もこのような気持ちで部署に関わらず協力しながら仕事をしていきたいと思った出来事であった。

この吉國さんのエピソードからは、一機の飛行機を飛ばすために多くのスタッフの協力が必要であり、特に突然のできごとにはチームワークが絶大な力を発揮することが示されている。一生懸命取り組んでいる姿はお客様にも伝わり、安全であることが最優先されるべきであるということがお客様に理解されていることがわかる出来事である。

(3) トリプルセブンでのサービス・リカバリー

私のゼミナールの6期生で、ゼミ長をしてくれていた青山香さん(仮名)は、入学当初からキャビンアテンダントになるのが夢であった。スタイル抜群の青山さんは、念願かなってキャビンアテンダントになって早9年がたっていた。クラスの責任者(クラスインチャージ)として乗務するようになっていた青山さんは、乗務員間のブリーフィングを丁寧にすることを心がけていたという。それは、チームワークよく仕事をするには、まず情報の交換が大事であると考えていたからである。以下は、ビジネスクラスでのサービスの際に起こったエピソードである。

ニューヨーク直行便での乗務の際に、担当のキャビンアテンダントから、5Aのシートに座られたお客様が化粧室が臭いとのクレームをおっしゃっているとの連絡を受けた。その情報はすぐにすべてのキャビンアテンダントに伝えられた。私が化粧室をチェックしたところ、気になる匂いではないと思われたものの、そのお客様にとっては他のお客様が化粧室を使われる際に、ドアの開け閉めから匂いが気になるのだろうと思われた。

そのクラスの責任者であった私は、まずはお客様に不快な思いをさせてしまったことをお詫びに行った。お詫びをしたあとでも、そのお客様がまだお話をしたそうにしているのを察した私は、そのまま少しお話をして、お客様に関するできる限りの情報を集めた。

そのお客様はニューヨークに住んでいらっしゃり、いつもは米国系の飛行機を利用していること、機内では1食しか召し上がらず、食事後はすぐにお休みになること、ベッドはキャビンアテンダントに作ってもらい、毛布にはこだわりがあることなどを聞き出した。また私は、お食事には何を召し上がりたいかを事前にお聞きし、その食事をお出しして食事が終わったころに、別のクラスに置いてある毛布でお客様の好みに近い毛布を持参し、そのお客様のためにベッドを作ってさしあげた。本来ビジネスクラスでは、ベッドはお客様ご自身で作っていただくことになっていた。その後も、キャビンアテンダント全員がそのお客様のことを心に留めながら、気づいたことを行い、その情報はキャビンアテンダント全員で共有をしていた。

ニューヨークに到着する頃、そのお客様からFive Star Cardを3枚も使って、お褒めの言葉をいただいた。Five Star Cardとはビジネスクラスのお客様が1年間に5枚使ってもよいというカードで、日本航空に乗った際に感動のサービスを行ったキャビンアテンダントに渡すカードであった。1回のフライトで1人のお客様から3枚のカードを渡されることはめったになく、そのフライトに乗務していたキャビンアテンダントたちは大感激であった。最初はクレームから始まったが、全員で協力してサービスに努めた結果、最後は顧客満足につながり、ロイヤルティカスタマーになっていただいた経験であった。

このエピソードからは、乗務員間の円滑なコミュニケーション、情報共有、さらには青山さんのリーダーシップがいかに重要であるかがわかる。

（4）突然の悲しいできごと

私のゼミナール1期生の佐藤（旧姓昆）いずみさんもキャビンアテンダントになるのが夢で大学に入学し、航空業界のインターンシップに参加するために、オーストラリアに向かっているときに、悲しい出来事に遭遇した。その時のエピソードを次に紹介する。

インターンシップに行く際、私は機内のお客様がお亡くなりになるという現場に遭遇した。そのお客様は60代男性、オーストラリア人の方で奥様と一緒に乗っていた。夕食のサービスが終わり、暗くなった静かな機内で、後方から女性の悲鳴が聞こえた。キャビンアテンダントが駆けつけ何度か声をかけていたので、私は何か大変なことがおこったのだと思った。

それは男性のお客様が、テーブルの上に突っ伏したまま動かなくなっていたのだった。キャビンアテンダントは2階席中央のスペースにそのお客様を寝かせ、意識の確認をしたが応答はなかった。とても体格が良いお客様で、おそらく心臓麻痺ではないかと思われた。すぐにもう1名のキャビンアテンダントがアンビューバック（マスクを顔に密着させ、バッグを押して換気を行う医療機器）やAED（けいれんを起こしたような状態である心臓に電気ショックを与える救命処置のための医療機器）を用意し、2名でその男性のお客様に心肺蘇生を行った。1階席から駆けつけた別の2名のキャビンアテンダントのうちの1名が、ドクターコールとして機内アナウンスで「2階席で急病のお客様がいらっしゃいます。お医者様、医療従事者の方がいらっしゃいましたら客室乗務員にお申し出ください」というような内容を日本語と英語で2回ほどしたが、お医者様はおらず、外国人の看護師の方2名が援助に来た。もう1名のキャビンアテンダントは操縦室へ連絡をし、奥様からは事情を聞いたりしていた。キャビンアテンダントと2名の看護師の方は、即座に連携して心肺蘇生を交代して行っていた。また、泣いて動揺している奥様の手を握り、言葉をかけたりしていた。

副操縦士が状況確認に客室に来て、近くの空港に着陸することも検討したが、奥様の強い希望でシドニー空港に予定通り着陸することになった。自分たちの家に連れて帰りたいと言っているように聞こえた。

2階席後方のお客様は1階席へ座席移動をし、2階席前方の私たちにはキャビンアテンダントが「座席移動ができず申し訳ございません」というお詫びと状況説明をしながらドリンクサービスをしてくれた。それぞれのお客様への行き届いた配慮があり、そのおかげで誰も混乱することなく落ち着いて状況を受け入れていた。

心肺蘇生の交代は何分おきと決めていたかはわからないが、着陸まで常に2名の方が対応していた。徐々に男性の体は固くなっていき、心臓マッサージも困難になっていくのがわかり、奥様はキャビンアテンダントや看護師の方に何か話していたが、もしかするともう心肺蘇生を行わなくていいですとおっしゃっていたのかもしれない。しかしそのお客様が倒れてから約5時間、着陸まで心肺蘇生がストップすることはなかった。
このような事態でカートを使ってのサービスはできないため、キャビンアテンダントの方たちは、ギャレーから前方座席の乗客1人ひとりに対して朝食のトレーを手配りしてくれた。疲れも見せず、私たちの心配や不安を取り除くかのような穏やかな笑顔で滞りなくサービスをして下さり、張りつめていた私の気持ちも少しずつ和らいでいったように思う。突然の不幸な出来ごとに対して、人命救助を継続して行いながらも笑顔で飲み物や食事を提供し、お客様の不安を和らげニーズに応えるようベストを尽くしていたことに感激した。そして、大変な状況の中、複雑な気持ちでいる乗客に誠意が伝わったことにより、落ち着いた機内を保てたのだと思う。

このような経験をした佐藤さんは、キャビンアテンダントになった時に、あらゆる事態に備えた日頃の訓練を積み重ねるだけでなく、使用機材によって非常用設備が異なるので、AEDの位置や消火器がどこに何本あるかなどを頭に入れ、フライト前に十分なイメージトレーニングをしたそうだ。

（5） 面白エピソード

①お客様の膝の上に着地

私の経験から1つ。

あるフライトで、コーヒーをトレーに乗せてサービスをし始めたとき、突然、飛行機が揺れた。シートベルトのサインが付き、同僚のスチュワーデスのシートベルト着用のお願いのアナウンスが流れる中、私は淹れたてで熱々のコーヒーをこぼしたら大変ということで、とっさに一番近くの席に座った。ところが空席に座ったつもりが、座った席は男性のお客様の膝の上であった。コーヒーのトレーを掲げながら、真っ赤な顔で「申し訳ございません。」とお詫びをする私に、そのお客様は「いえいえ、どうぞごゆっくり。」との返事。「とんでもございません。大変失礼いたしました。」と言って、私は隣の空席にコーヒーをこぼさないように移動した。恥ずかしさで真っ赤になりながら、お詫びをする私に、お客様が「やはり君はプロだね。コーヒーをこぼさなかったものね。」と笑顔で声をかけてくださり、周りのお客様も笑顔になった出来事であった。

お客様の機転とユーモアで、急な飛行機の揺れで不安になっていた他のお客様も笑顔になるという出来事であった。

②正座でお見送り

私の同期である中野（旧姓青木）直子さんのエピソードからも1つ紹介したい。

ある日の国内線での乗務のとき、お客様が全員降りられた後、お客様の忘れ物をチェックしていて、忘れ物を発見。大急ぎで、地上の係員に届けようと思い、タラップを駆け下りた。ところがあまりにも慌てていたため、駆け下りる途中で足を滑らせアッという間に一気に下まで滑り落ちてしまった。移動バスの中で唖然とするお客様の視線を一身に浴び、気が付いたらきちんと正座して、落語家が「一席お笑いを・・」と扇子を片手に口上を述べるがごとく、深々と頭を下げてバスをお見送りしていた。

恥ずかしさのあまり痛みもどこかへいってしまい、忘れ物がなんだったのか思い出せないハプニングだったそうだ。ストッキングは破れ、擦り傷もつくったであろう中野さんが、それでもお客様への挨拶は忘れなかったという武勇伝？である。

③かつらがずれている！

これもあるフライトでの出来事である。

夕食のサービスもそろそろ終りに近づくころには、おなかがいっぱいになり、ほろ酔い気分になったお客様の何人かが居眠りを始めていた。そこで、私たちは夕食のサービスがすべて終わったときに、照明を落としてゆっくりお休みいただくように機内を整えた。毛布が必要なお客様には毛布を配布し、機内がすっかり静かになる頃、私たちスチュワーデスも交替で食事や休憩をとった。離陸して3時間ぐらいたったあと、私が気分の悪いお客様がいないかどうかを見に、また、のどが渇いたお客様のために飲み物をトレーに乗せて機内をまわっていたときであった。

私は1人の男性のお客様のかつら（その当時はウイッグという言葉は使われていなかった）がずれて、そのお客様の顔全体を覆っている姿に遭遇した。当時のかつらは、今のかつら（ウイッグ）ほど精巧にできていなかったのだと思う。寝ているうちに、どうもずれてしまったようであった。驚いた私は、とっさにどうしていいかわからず、そのままにしてその場を立ちさった。お客様が寝返りをうったりしたときに、その反動でかつらがあるべき場所に戻ることを祈っていた。

その後、30分くらい気になってそのお客様の様子をみていたものの、一向にそのかつらがあるべき場所に戻ることはなかった。周りのお客様が目をさましたときに、そのお客様の姿をみたとしたらどうなるか、あるいはあと1時間くらいで機内の照明を明るくしたときに、そのお客様が目をさまして恥ずかしい思いをするのではないか、その反面、お客様の身体の一部（？）に触ることになり、それは失礼なのではないか、もっと怖いのは、かつらを戻してあげている最中にお客様が目をさまされたらどうしようなどと、さまざまな考えが頭をよぎった。しかし、お客様が恥ずかしい思いをしない方が重要だという結論に達した私は勇気を奮い起こして、そのお客様の席に行った。そのお客様を含めて周りのお客様も熟睡していらしたので、私は急いでさりげなくかつらを元のあるべき場所に戻して、何事もなかったようにその場を離れた。

1時間後、機内が明るくなり、そのお客様も目を覚まされて、手を頭の上にのせてかつらの位置を確認していた。そのときにホッとしたような表情を見せていらしたので、私の行動は間違いではなかったと胸をなでおろした。お客様が恥ずかしい思いをせずに、快適に機内で過ごしていただけて本当に良かったと思った出来事であった。

これ以外にも、手品が得意なパーサーが食事のサービスのあとにお客様へのおもてなしとして、ネクタイを締めてそれを瞬時に外すという手品を見せたところ、失敗し自分の首を絞めてしまったというエピソードなど、面白エピソードはたくさんある。ただこれらに共通して言えることは、お客様のためにできるだけのことをしたいという思いで行った行動であるということであろう。

註

（1）ＯＪＴとはOn the job trainingの略語で、実際の職場で実践的に学ぶ訓練のことを指す。

引用文献

大坊郁夫「社会的スキルとしての対人的なマナー行動」『化粧文化』22、30－40、ポーラ文化研究所、１９９０年。

ＪＡＬ『HAND BOOK Regulations Volume Ⅲ』、１９６９年。

日本航空客室訓練所『客室乗務員訓練の手引き』、１９６９年。

志水　彰・角辻　豊・中村　真『人はなぜ笑うのか』講談社、１９９４年。

山口一美『はじめての観光魅力学』創成社、２０１１年。

山口一美『感動経験を創る！ホスピタリティマネジメント』創成社、２０１５年。

参考文献

小林隆一『マニュアルのつくり方・生かし方』ＰＨＰ研究所、２００６年。

斉藤　勇『人間関係の心理学』誠信書房、２００２年。

杉田峰康『交流分析のすすめ』日本文化科学社、１９９４年。

諏訪茂樹『人と組織を育てるコミュニケーショントレーニング』日経連出版部、２０００年。

山口一美『自分らしく仕事をしたいあなたへ』大和書房、１９９８年。

参考ＵＲＬ

全日本空輸ホームページ　「Ａ３８０型機　特別塗装機が「FLYING HONU」に決定！」
https://www.ana.co.jp/group/pr/201703/20170306.html　２０１９年4月28日閲覧

第4章　エアライン・ビジネスの醍醐味

第1節　エアライン・ビジネスを楽しむ

(1)「飛ぶ中」での楽しみ

あなたは飛行機が好きですか。飛行機は窮屈、退屈、疲れるから嫌いという人もいると思う。しかし、反対に飛行機が好きで好きでたまらない人も多くいる。このように飛行機が大好きな人は、通称〝飛行機おたく〟と言われている。それらの人の中でも、鉄道が好きな女性が「鉄女」と呼ばれているように、飛行機が好きな女性は「空美」と呼ばれている。したがって、私は「空美」である。

飛行機が好きな人には、見る派、乗る派、撮る派、集める派などいろいろなタイプがある。見る派は空港などに行って飛行機を見るのが好きな人、乗る派は飛行機に乗るのが好きな人、撮る派は飛行機の写真を撮るのが好きな人、集める派は飛行機関連のグッズを集めるのが好きな人を指す。私は、見る派であり乗る派である。つまり空港に行って飛行機を見るのが好きで、そしてなによりも乗るのが好きで、それがこうじて飛行機に乗ることを仕事に選んだ1人である。

旅行者行動を旅前（タビマエ）、旅中（タビナカ）、旅後（タビアト）で考えているように、エアライン・ビジネスを利用するお客様の行動を、「飛ぶ前（トブマエ）」「飛ぶ中（トブナカ）」「飛ぶ後（トブアト）」で考えてみた。ちなみに旅前の旅行者行動とは、旅行先の情報収集や旅行計画をするなどの行動をさし、旅中の旅行者行動はまさに旅行中の旅行先での行動をさしている。旅後の旅行者行動としては、旅行後の記録をみんなとシェアする、SNSに書き込みをしたり写真を投稿したりする行動がある。

エアライン・ビジネスを利用する際の「飛ぶ前」のお客様の行動は、空港で飛行機を眺めたり、レストランで軽い食事をしながら飛行機の離着陸を楽しんだり、Duty free shopで買い物をしたりするなどの行動がある。見る派の人は、空港のカフェで離着陸する飛行機を見ながら、あの飛行機はどこに行くのだろうか、どんな人たちが乗っているのだろうかなどと想像しながら過ごす行動がこれにあたるであろう。「飛ぶ中」の行動は、飛行機に乗ってからの行動になるので、機窓からみる景色の写真を撮って楽しんだり、食事をしたり、映画や音楽を聴いたり、ビジネスマンは仕事をしたりする行動である。「飛ぶ後」の行動は、機窓から撮った景色の写真や期間限定の機内食を撮った写真をSNSに投稿しそれを見て楽しんだり、友人と機内で見た映画のことを互いに話すなどの行動であろう。

これらの行動の中でも、ここではお客様の「飛ぶ中」での行動に関わる楽しみをとりあげる。「飛ぶ中」での第一の楽しみは、テーマパークでジェットコースターに乗ったときに感じるような緊張感と期待感を経験することができることである。飛行機が滑走路を走り始め離陸するとき、あなたはどんな気持ちになるだろうか。空を飛ぶというドキドキした緊張感と、あなたを世界の国々に運んでくれるという期待感とで胸がいっぱいになるのではないだろうか。飛行機は、あなたが世界とつながっているということを実感させてくれる乗り物なのだ。ドアを閉め、次にドアを開けた時、そこには別世界が広がっている。

第二の楽しみは、他の交通手段よりも速いスピードで目的地に移動できる楽しみがある。飛行機は、新幹線「のぞみ」の4倍速いスピードで人を移動させることができる。国土交通政策白書によれば、国内旅客輸送で1、000㎞以上の輸送距離の場合、鉄道を利用する人が10・8％であるのに対して、85・7％の人が飛行機を利用する。また、国際旅客輸送では、飛行機を利用する旅客が96％（8、196万人）と圧倒的に多く、海運の利用は4％（外

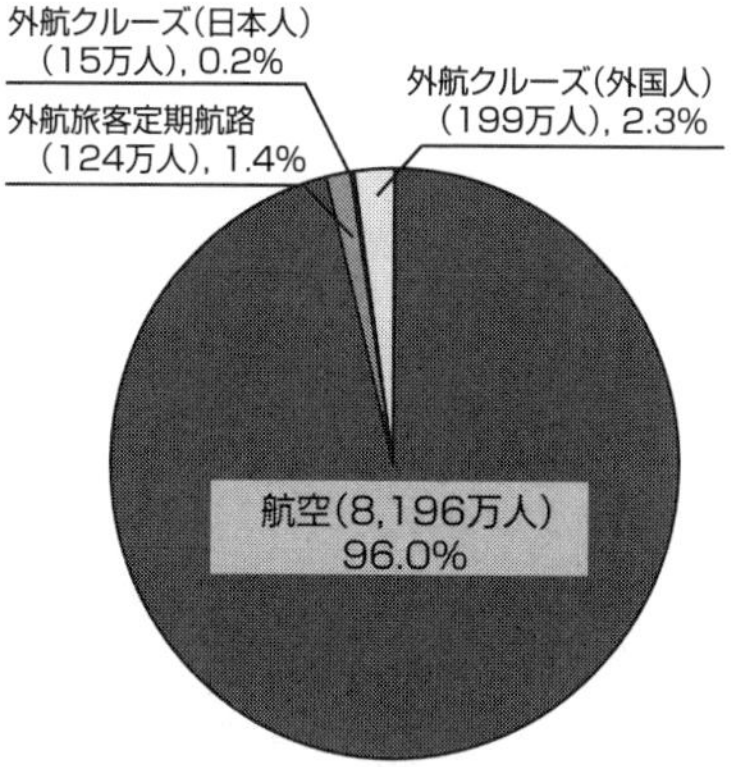

図４－１　国際旅客輸送量とその比率（2016 年）

出所：国土交通省（2017）より。

航クルーズは日本人が15万人、外国人は199万人、外航旅客定期航路は124万人）にとどまっている（図4―1）。

飛行機は船舶より速度が圧倒的に速く、海外の目的地までの所要時間が非常に短くてすむ。

第三の楽しみは、他の移動手段では経験できない角度から地上の景色を見ることができる。離着陸の際に機窓から見ることのできる夜景、到着地の上空から見る紺碧の海や青々とした森林を有する島々など、飛行機は私たちに心に残る素晴らしい景色を楽しませてくれる。

キャビンアテンダントはこのような素晴らしい景色をお客様に堪能してもらいたいと、機内アナウンスで窓の外に見える景色をお知らせする。どのような景色が何時ごろ見えるのかについては、運航乗務員が離陸前のブリーフィングでキャビンアテンダントに伝える。その情報をもとにキャビンアテンダントは、例えば「右手に富士山がきれいにご覧になれます。」とアナウンスをする。すると、右手に座っているお客様はiPhoneで写真を撮ったり、左手に座っているお客様は首を長くして窓の外をながめるなどの行動が起こる。座席を立って歓声をあげながら写真を撮るなど楽しい雰囲気が機内を満たす。もしあなたが撮り派の「空美」で、羽田空港から伊丹空港に行く便で富士山の絶景の写真をとりたい場合は、右側の席を指定することをお勧めする。その時に翼の真横の席は避けないと翼に遮られて富士山が見えにくくなるので注意が必要だ。

第四の楽しみとして、新たな視点を得る楽しみがある。これは第三の楽しみと関わることでもあるが、飛行機に乗ることで地上では起こりえないことを経験する機会に遭遇する。私の同期であった中野直子さんは、実際に乗務についていたときに、次のような経験をしたそうだ。

上空を飛行中、機内の窓から、下の方に丸い小さな虹色の輪を発見したお客様がいて、周囲の皆さんと「虹だ！」と言って大盛り上がりだった。普通、地上から空にかかる虹を見上げると、その形はアーチ状になっている。しかし上空からみたら虹はドーナツ状だったので、びっくり。この虹をみて、物事は見る位置や角度によってこんなにも違うことを知り、改めて「思い込み」の危なさと、いろいろな角度から物事を見ることの大切さに気付かされた「虹のドーナツ」だった。

このような経験は地上ではできない。知識が増えるだけでなく、新たな視点を得る楽しみがある。

第五の楽しみとして、非日常体験をすることができる。私たち人間は地上の生き物であり、空を飛ぶことはできない。そのできないことを可能にしているのが飛行機なのだ。空を飛んで雲の上を飛行していること自体が、非日常体験である。現代は、飛行機に乗るということが、以前ほどは特別ではないかもしれないが、それでも飛行機に乗って海外に行くということは特別な出来事であり、乗った時に優越感をもたらすものでもある。それに加えて、雲の上でワインを飲んで食事をする、最新の映画を楽しむなどまさに非日常体験である。

第六の楽しみとして、自分だけの世界を持てる。飛行機とは不思議な空間であり、隣にはまったく知らない人がいる。しかし、自分の席は自分だけの空間である。そのため座席に座るとすぐに、むくみを予防する着圧ソックスを着用したり、スリッパに履き替え、水のボトルを手元におき、枕を整えたりと、可能な限り快適に過ごせるように態勢を整える。その空間で自分だけの時間を好きなように過ごし、自分の世界に浸ることができる。好きな音楽を聴いたり、本を読んだり、仕事をしたりと、自分の与えられたスペースを使って工夫して楽しむことができるのである。

以上が、主にお客様の「飛ぶ中」での行動に関わる楽しみであるが、エアライン・ビジネスに従事している人は次にあげるような楽しみも得られる。

（2）空を飛んで、ステイを楽しむ

先の章でも取り上げたが、キャビンアテンダントは乗務で世界のさまざまな土地を訪れることができ、ステイ（宿泊）があるのは大きな魅力の1つである。1カ月のうち、3分の1程度はステイを伴う乗務があり、特に国際線の場合は、世界とつながっていることを実感する時間である。

ステイの場合、通常、現地のホテルに到着すると「一緒に食事に行きませんか。行ける人は6時にロビー集合ね」というような声がかかる。パイロットや勤続年数の長いキャビンアテンダントはおいしいレストランや評判のお店をよく知っているため、その人たちに後輩のキャビンアテンダントは食事に連れていってもらう。そのときに連れていってもらったキャビンアテンダントは、次に新人キャビンアテンダントをそのレストランに連れていく。このようにおすすめのレストランは、歴代のキャビンアテンダントに引き継がれていく。

「良いサービスを提供するには、自分が良いサービスを経験するのが一番」と言われているように、評判の良いレストランに行くことは、サービスの勉強になる。そのレストランの雰囲気やスタッフの対応など、さりげなく気配りに溢れているサービスからは学ぶことが多い。最近は、自分たちが訪れて美味しかったレストランや割烹料理店などを機内誌に「クルーのお気に入り」として紹介する機会もある。

また、ステイの楽しみは、食べるだけにとどまらない。一度は訪れてみたいと言われている観光地に足を運ぶことができる。ステイ先ではそれらの観光地を訪れ、実際はどのようなものなのかを見て経験しておくことは、視野を広げるだけでなく、機内でのお客様との幅広い会話につながる。実際に行ったことで、その観光地についてお客様に正確な情報や感想を伝えることができるからである。

人気ステイ先としてあげられるのは、ヨーロッパでは今も昔もパリ、ロンドン、フランクフルト、北米ではサンフランシスコ、アジアの最近の人気はベトナムだといわれているそうだ。私は、ヨーロッパではイギリスのロンドンが好きで、ロンドンに行くと、大英博物館、ヴィクトリア&アルバート博物館、ナショナル・ギャラリーに出かけて行って、本物の絵画や美術品に触れその圧倒的な存在感に感激をしたり、映画の「ノッティングヒルの恋人」で有名なポートベロー・マーケットで骨董品のブローチや銀食器をあさったり、ステイ先では発見と学びの日々を送るようにしていた。北米の中ではハワイが好きで、ハワイの気候やアロハスピリットに触れると癒され、いつもホッとしたのを覚えている。

旅行が好きなのでキャビンアテンダントになった人も多い。グランドスタッフも職場が空港なだけに、仕事を終えたその足で飛行機に乗り、旅行にでかける人もいる。まさに、気軽に空を飛ぶことができる環境が整っている。

多くの航空会社は、福利厚生の1つに自社便優待制度を設けている。それは自社の飛行機に、無料または格安で乗ることができる制度である。私が勤務していたときは、一親等までは無料で航空機を利用することができた。私は退社が決まった時に、母親を連れて、南回りでロンドンまで旅行したことがあった。

このように飛ぶことで楽しみが広がり、世界とつながっていることを実感できるのがエアライン・ビジネスの楽しみであり醍醐味の1つである。

第2節　限られた空間でのサービス

エアライン・ビジネスでは、機内のサービスにおいて限られた空間の中で提供するという特殊性を持つ。それは、飛行機の機能や構造から派生するものであるため、致し方ないのだが、その特殊性を理解しておくことは重要である。

限られた空間は、機内でのお客様の行動を制限する。お客様は自由に動きまわったり、途中で降りたくなったからといって、飛行機から降りることはできない。とりわけ飛行中は、急な揺れが発生したときの危険防止のため、座席では常にシートベルトを着用することが求められる。そのため、狭い座席に一定時間座っていなければならないことも起こる。さらに、見知らぬ人と隣り合わせで座ることもあり、緊張感や居心地の悪さを感じることもある。すぐに寝てしまえばいいという意見もあるが、眠れないこともあり、そういつもうまくいくとは限らない。

窓側の座席の場合、機窓から美しい景色をみることができるという利点があるが、化粧室に行くときには、通路に出るために隣の人に「すみません、化粧室に行きたいのですが・・・」とお願いしなくてはならないなど、不便な点がある。

　そこで機内では、限られた空間の中で行動を制限されるお客様が不快に思ったり、退屈したりしないように、さまざまな工夫を凝らしたサービスを提供している。例えば、座席のリクライニングが可能であったり、耳栓やアイマスクを配布したりすることで少しでも快適に眠ることができるようにサービスを提供している。また、路線や時間帯に応じた機内食や飲み物の提供、映画、ビデオ、音楽、ゲームなどを楽しむエンターテイメント機能を設置し、さらにビジネス機能としてはインターネットサービスがあり、Wi-Fiが使用でき、スマートフォンやノートパソコンでメールやソーシャル・メディアを利用することができるなど、お客様のニーズに合わせたサービスが提供されている。

　これらの機内設備に関わるサービス以上に重要となるのが、キャビンアテンダントによるサービスであろう。お客様の「飛ぶ中」での楽しみにあげたように、素晴らしい景色を楽しめるようにタイミングを考えてアナウンスをする、自分だけの世界を持てるようにお客様の邪魔をしないなど、キャビンアテンダントはお客様が置かれている状態を理解した上で、個々のお客様のニーズにあったサービスを提供することが求められている。

　またサービスに失敗しお客様から苦情を言われたとしても、お客様と空間のみならず時間も共有していることから、リカバリーする機会があるともいえる。レストランなどでは、不満を持たれたお客様が不愉快だと言ってレストランを出て行ってしまうこともある。しかし、飛行機の場合は、お客様は不愉快だからといって途中で飛行機から降りることはできない。それだけに運悪くサービスに失敗したときには、お客様が機内にいてくださることを挽回のチャンスと考え、お詫びをし、誠意を尽くして対応することで不満を取り除く努力をすることが必要である。「第3章第3節　さまざまなエピソード」に記載したように、クレームに対して誠実に対応することで、サービス・リカバリーがなされ、不満のお客様を「満足したお客様」に変えることができるのである。お客様が満足して笑顔で降機する姿をみることができたときが、まさにエアライン・ビジネスの醍醐味である。

第3節　エアライン・ビジネスを通して学ぶ

（1）視野を広げる

視野を広げるとは、物事を考えたり、判断したりする範囲を広げることを指す。キャビンアテンダントは、仕事を通して視野を広げることが可能である。それは、①多様な伝統や文化を持つ国や人々に接する機会があること、②本を読んだり、学ぶことが必要であること、③仕事が旅に出ることでもあること、などが視野を広げることを可能にしているのだ。

①多様な伝統や文化を持つ国や人々に接する機会があること

1日で100名単位のお客様と接することもあるキャビンアテンダントやグランドスタッフは、老若男女、国籍もさまざまな人々との出会いから、異文化に触れることで考え方や価値観の違いを学ぶ機会に恵まれている。異文化に触れる機会が多いということは、必然的に自分でもその国や文化を理解するために学ぶ必要が出てくる。また、ファーストクラスやビジネスクラスを利用するお客様など、世界のVIPや会社経営者の方などと話をすることも多い。普段なかなか接することのできない人々との交流ができるのも、エアライン・ビジネスに関わっている人の特権でもあろう。多様な伝統や文化を持つ国や人々に接することで、新たな考えを知り、受け入れることで視野を広げることができる。

②本を読んだり、学ぶこと

訓練所でサービスを提供するために必要なことを学んだあと、さらに学ぶ必要性を感じて関連する本を読んだり、セミナーに参加して学ぶ人は多い。また、話題の書籍や趣味の本を読むのも、他の人の考え方を知ったり、新たな知識を得て視野を広げることに役立つ。ファーストクラスを担当していた先輩は、ステイ先のホテルで読むためにと必ずその年に話題になった書籍を持参していた。仕事で、教養があり芸術面でも優れた才能を持つお客様と話をする機会が多いことから、自分自身も教養を身に付け、常に視野を広げる必要があると言っていたのが印象的であった。

③旅に出ること

キャビンアテンダントは国内外のさまざまな国や地域に行くが、それは仕事であって旅ではない。しかし、その仕事柄、旅に出るのと同様に視野を広げる機会が数多くある。つまり、見知らぬ土地で、日常生活圏とは異なる場所で、新たなものに触れる機会や人と人との交流や出会いがあるからである。例えば、国内であれば初めて訪れる神社やお寺を巡ったり、海外であれば教会や大聖堂などに行く機会がある。異なる文化に触れ、新たな知識を得て、視野が広がる。また、人との出会いの中で、お互いの共通点や違いに気づくことや、それに伴って自分では気づかなかった面を見出すこともある。それは物事を考えたり、判断したりする範囲を広げることにもなり、視野を広げることでもある。キャビンアテンダントの仕事は、日常暮らす世界から新しい世界へ飛び出していく仕事であり、視野を広げる機会を多く持つ仕事であると言えよう。

（2）日本を知る

あなたが外国人旅行者に、「お能はどこで見れるの？」「日本に着いたら、歌舞伎に行きたいと思っているのだけど、どんなのを見たらいい？　いくらぐらいで見れる？」「京都に行くんだけど、どのお寺を見たらいいかな？」と聞かれたら、どのように答えるだろうか？

これらは私が実際に乗務していた際に聞かれた質問である。特に１９７０年代当時は、日本に旅行でいらっしゃるお客様の数も限られており、個人でいらっしゃるお客様は日本について事前に勉強をしてきている方が多かった。そのため、前述した質問に対して答えられない私はいつも冷や汗をかいていた。

これらの質問に答えられなかったのは、私の英語力が乏しいからというだけでなく、自分の生まれ育った国である日本についての充分な知識がなかったことが問題であった。日本の伝統芸術であるお能や歌舞伎について、あまりにも知らないということは日本人として恥ずかしい。お能は奈良時代から、歌舞伎は江戸時代から続いている日本の伝統文化である。そんな長い歴史がある事柄について、知識がなくすぐに答えられないとは、外国人旅行者のお客様に「えーそんなことも知らないのか」というように、あきれた顔で見られることがしばしばあった。

そこで、外国人旅行者が興味を持つであろう事柄について、知識を増やすことが私の急務の課題となった。これは外国人旅行者のためというよりも自分のために必要であった。エアライン・ビジネスに従事していると、自分の国について、知らないことが多すぎるということに気づかされる。「日本について知る」ことは、日本人としての自覚と誇りを育てることにつながる。

（3）接客のプロフェッショナルになる

キャビンアテンダントやグランドスタッフは、入社前研修や入社後に行われるステップアップ研修などによって接客を徹底的に学習することが求められる職業である。エアライン・ビジネスのいわば「顔」であるキャビンアテンダントやグランドスタッフの役割は、そのエアライン・ビジネスのサービスの要といえるほど重要である。特に日本の航空会社は、日本人ならではのきめ細やかなおもてなしを提供することをモットーとしていることから、高度なサービス・スキルが求められる。したがって、キャビンアテンダントやグランドスタッフは常にサービス・スキルを学ぶ必要がある。

日本航空や全日本空輸では、社内コンテストを開催し、接客サービスのスキルアップを図っている。例えば、日本航空では、JALフィロソフィーを体現できる「安全とサービスのプロフェッショナルの選出」を目的として「空港のプロフェッショナルコンテスト」を毎年開催している。そこでは、サービス・スキルを競うとともに、参加者にとっては互いの接客技術を学ぶ機会にもなっている。予選を勝ち抜き、本選に出場したグランドスタッフには、「おもてなし」の花言葉を持つプルメリアの花をデザインしたバッジが授与される。彼女たちは、「サービス・アドバイザー」と呼ばれている。このように接客サービスのプロフェッショナルとなることができる。

（4）第二のキャリアへつなげる

エアライン・ビジネスの仕事を通して学んだことは、退職した後の第二のキャリアにどのようにつながっているのであろうか。

先輩や同期、あるいは私の専門ゼミナールの学生たちの第二のキャリアをみてみると、共通して言えることは、直接、人と関わる職業につながっている。それは、彼らが①対人サービス・スキル、②コミュニケーション能力、③感知力、④チームワーク力、⑤語学力が高く、⑥学習意欲があり、⑦マナーの達人であることが起因していると思う。これらの能力や適性はキャビンアテンダントやグランドスタッフとして仕事をするために必要不可欠なものであり、また現役時代に常にこれらを高めることが求められていた職業の1つでもあったからである。

これらの能力や適性を活かしてさまざまな業界[1]で第二のキャリアについているが、その中でも大別すると次の3つの仕事に従事しているといえよう。

①サービス業界の仕事

サービス業界の仕事として、ここでは対人サービスの多い仕事と教育関連の仕事に分けて考えてみる。

＜その一　対人サービスの多い仕事＞

別の航空会社、外資系航空会社やＬＣＣなどに転職する。また、勤務していた航空会社のラウンジでの接客業務やホテルのフロントやコンシェルジュ、ブライダル会社のブライダルコーディネーターとしての業務、あるいは派遣会社に登録をして、世界各国から集まる政府関係者や研究者が開く国際会議や展示会などの受付業務などを行っている人もいる。いずれも先にあげた能力や適性を持っているからこそ、第二のキャリアとして選ぶことができるのであろう。

例えば、７期生の木林（旧姓斎須）由紀子さんは、学生時代から何事にも一生懸命取り組む学生で、旅行が好きだった彼女は２年生のときに国家資格である旅行業務取扱管理者資格を取得し、就職活動では大手の旅行会社とＪＡＬエクスプレス[2]から内定をもらった。そこで幼いころからの夢であったＪＡＬスカイキャストとして２年勤務した。限られた時間と空間の中で、今何ができるか、何をして差し上げたら喜んでいただけるのかを常に念頭において仕事をしており、その結果、お客様にくつろいでいただけたり、喜んで下さるとうれしく、気づきや勉強の毎日にやりがいを感じていたとのことであった。その後、スカイキャストとしての経験を活かして、第二のキャリアとして大手のブライダル会社に勤務した。そのブライダル会社では、海外・国内のリゾート挙式を中心とした結婚式や新婚旅行のプランニングを担当し、挙式部門リーダーとして活躍。木林さんの高い対人サービス・スキルやコミュニケーション能力、感知力やチームワーク力を活かして仕事をした結果、お客様からの評価も高く、年間売上金額が全社員中6位以内だったことから、会社から報奨旅行としてハワイ旅行をプレゼントされた。そのとき私はサバティカル制度[3]を利用してハワイに住み、「リゾートにおける対人サービス」について研究をしていたので、ハワイのレストランで彼女のお祝いをしたのを覚えている。彼女はその後、結婚し、ご主人のMBA取得のための社費留学で2年間、米国のバージニア州に住み、現在は駐在員として働いているご主人とともにシンガポールに住んでいる。

〈その二　教育関連の仕事〉

企業向け研修講師（マナー研修、新入社員研修、コミュニケーション・スキルアップ研修など）、交流分析講師、カラーコーディネーターなど、エアライン・ビジネスで仕事をする過程で学んだスキルや知識、さらにはより良いサービスをするために必要だと考えて、自主的に取得した資格を使って第二のキャリアとする人がいる。専門学校や短大の教員、ビジネスクールに戻って大学院に入学をして専門知識を得たあとに大学の教員を第二のキャリアとして選ぶ人もいる。教育関連の仕事を第二のキャリアとして選択した人は、①よりも多いと思う。私のまわりにいる多くの先輩や後輩が、教育関連の仕事を第二のキャリアとして選んでいる。

私も教育関連の仕事である専門学校の講師を選択し、その後、研修会社を設立し企業や大学などでマナー研修を行うと共に、大学院で学び、その後に現在は大学の教員として勤務している。私の場合は、一貫して教育関連の仕事を第二、第三のキャリアとして選択している。

②①以外の業界の仕事

メーカーや商社、金融などでの一般事務職や秘書、受付、人事採用担当者などを第二のキャリアとして選択した人も多い。

キャビンアテンダント希望だった9期生の今井（旧姓鈴木）奈奈さんは、ソラシド航空に合格し、キャビンアテンダントとして3年間勤務した。勤務していたときは、天候や時期、路線による客層を把握して、時間内に最大限のサービスを他のキャビンアテンダントと協力して行うよう心がけていたという。常にお客様の様子に注意を払い、＋αのおもてなしを行うことでお客様の心にそのおもてなしが届き、喜んでいただけた時に、楽しくやりがいを感じたそうだ。その後、彼女は第二のキャリアとして、コンサルティング会社の社長秘書として1年半勤務。その際に、秘書としてベストな仕事ができるようにと秘書検定の資格を取得。現在は大手メーカーの人事課で新卒の採用担当の仕事をしながら、通信教育でコーチングの勉強をしており、将来は国家資格のキャリア・コンサルタントを取得し、社員のキャリアの相談窓口になれるようにしたいと考えているという。

第二のキャリアとして、メーカーなどに勤務し、その後、教育関連の仕事へとキャリアをつなげている人もいる。7期生の吉田（旧姓矢島）里美さんは、成田空港のＡＮＡ成田エアポートサービスのグランドスタッフとして3年間仕事をしたのち、第二のキャリアとして大手の飲料メーカー、続いてディスプレイ業界のそれぞれの社長・専務秘書として、計4年間勤務した。その勤務をしながら、コーチングを学び、その知識を仕事や生活に活かしていた。その後コーチングコーチの資格をとり、現在は第三のキャリアとして教育関連の仕事であるキャリアコーチングとしての仕事をしている。将来は、企業や学校でコーチングを提供できるように活動の場を広げていきたいと考えているという。

このようにエアライン・ビジネスを通して学んだことは、第二のキャリア、第三のキャリアへとつなげることができる。これもエアライン・ビジネスという仕事に就いた際の醍醐味の1つであると言える。

註

(1) 業界とは、大きく分けるとその役割から「サービス」「メーカー」「商社」「小売」「金融」「ソフトウエア・通信」「マスコミ」「官公庁・公社・団体」の8つに大別できる。職種は仕事の種類を表す。

(2) 日本航空の子会社であったが、2014年10月1日にJALと合併した。JALエクスプレスでは、キャビンアテンダントをスカイキャストと呼んでいた。

(3) サバティカル制度とは、大学教員が一定期間、業務から離れて自身の研究に専念できる長期有給休暇をさす。

引用文献

国土交通省「平成30年版交通政策白書」、2018年。

第5章　エアライン・ビジネスを経験して、次のステップへ

第1節　外から見たエアライン・ビジネス

（1）驚きのサービス

日本航空を退社後、結婚をし、私は一児の母になっていた。子供が1歳半になった頃、夫に転勤命令が下された。アメリカ東海岸のボストンから1時間ほど西に行ったウースター市にある本社への転勤であった。当時、ボストン直行便はなかったため、ハワイ経由でボストンに行くことにした。楽しいハワイの滞在を終え、ホノルルからシカゴ～ボストンはあるアメリカの航空会社を利用した。私ははじめて外資系の航空会社を利用するので、どんなサービスが提供されるのか興味を持って搭乗した。

そこでは、驚きの連続であった。飲み物のサービスでは、スチュワーデスに「Coffee?」とまったく笑顔なしで聞かれたが、その時私は紅茶が飲みたかったので、恐る恐る「Could

I have a cup of tea?（紅茶をいただけますか）」と聞いた。すると「Wait.（待って）」と言って、そのまま次のお客様に無言でコーヒーのポットを掲げて合図。そのお客様は慌ててコーヒーのカップを彼女に渡すと、彼女はコーヒーを注いで、トレーに乗せたクリームとお砂糖とともに無言でお客様の目の前に差し出し、それをお客様が急いで取っていた。その後も、同様のやり方で、時間をかけずに効率よくサービスをしていった。私の紅茶はというと、15分くらい経ってやっと私のもとに届けられた。

飲み物のお替りは聞きにきてくれなかったので、お客様はスチュワーデスに直接頼むしかない。通路を隔てて私の斜め前に座っていた日本人のお客様が、スチュワーデスに2杯目のコーヒーを頼もうと座席から首を長く出してみていたが、通路をとても速いスピードで歩いていくスチュワーデスに、声をかけて頼むのはなかなかの勇気とタイミングが必要であった。その様子を見ていた私は、紅茶のお替りを頼むのを断念した。

スチュワーデスは清潔な身だしなみが重要であり、食品を扱うので、抜け毛が落ちないようにと長い髪はまとめるのが基本中の基本と思っていたが、この航空会社はそうではないらしい。1人ひとりの個性を大事にしているのか、長い髪全体に細かいウエーブのあるヘアスタイル、ソバージュのようなヘアスタイルをしているスチュワーデスがいて、髪の毛は結んでいない。食事のサービスの際に、下を向いて飲み物を用意しているときには、顔が髪の毛で隠れてしまうというありえないヘアスタイルであった。

これらは私にとって衝撃の出来事であり、航空会社が異なるとこうもサービスが違うのかと驚きの連続であった。友人にこのことを話すと、そんなのは序の口だという話があった。彼女が遭遇した出来事とは、食事のサービス中にお客様からおしぼりが欲しいとのリクエストがあったスチュワーデスは、別の通路でサービスをしている同僚におしぼりをくれるように頼んだ。頼まれた同僚は、その場でおしぼりを投げて、つまりおしぼりはお客さまの頭上を飛んで、そのスチュワーデスに届けられた。そのスチュワーデスは、それをキャッチしてお客様に渡したというのである。ここまでいくとそれはサービスではなくエンターテイメントだったのか、カジュアルすぎて私にはよくわからないサービスである。

（2）おしゃべり大好きスチュワーデス

アメリカ人のスチュワーデスは、とにかく陽気というかおしゃべり好きである。これもアメリカのある航空会社を利用した際の出来事であるが、夕食のサービスが終わったあと、後方のギャレーでは大きな声で雑談をするスチュワーデスの声が聞こえ、うるさくて眠れなかったことがあった。誰も苦情を言わず、お客様たちは黙って我慢をしていた。着陸をする際にも、乗務員席に座りシートベルトを締めても、2人のおしゃべりは続いた。

勤務中にお客様がいるところでのおしゃべりは、言うまでもなくマナー違反である。その2人はとても仲良しなのか、久しぶりに会ったので積もる話がたくさんあったのかもしれないが、いずれにせよこの行動はいただけない。日本航空を退社してからは、飛行機に乗るたびに、サービスの提供の仕方が気になり、あまりにもひどいサービスだとつい一言いいたくなってしまうのは、元スチュワーデスの性（さが）なのかもしれない。

このようにお客様に迷惑をかけるような度を越したおしゃべりは困るが、お客様に機内で楽しく過ごしてもらいたいという試みをすることで成功している航空会社もある。その航空会社は、ＬＣＣの草分けである米国のサウスウエスト航空である。

この航空会社は１９６７年にダラスで民間旅客会社として誕生し、「座席指定がない」「機内食がない」「航空券がない」などをはじめとして、さまざまなサービスを徹底的に排除し、できる限りコストを抑える経営を行っている。中距離都市間をバスのように安い運賃で移動できる、いわば「空飛ぶバス」ともいえるのがサウスウエスト航空である。

この航空会社では、親しみやすく、ユーモアのあるサービスで乗客を楽しませている。機長が窓の景色について観光案内をしてくれたり、スチュワーデスが機内のアナウンスの際に乗客に手拍子をしてもらい、ラップでアナウンスをするなど、乗客を楽しませる工夫をしている。この会社では、面接時に「仕事中にユーモアセンスを発揮した体験を話してください」「ユーモアで急場をしのいだ体験はありますか」という質問をして、ユーモアセンスがあるかどうかを評価しているという。陽気で明るいアメリカ人にこの航空会社が人気であるのがうかがえる。「空飛ぶバス」であれば、安く、手軽に乗れて、時間通りに安全に目的地に着くことができればそれで良く、それらに加えて楽しいのならラッキーということなのであろう。

（3）海外と日本の航空会社のキャビンアテンダントの違い

日本航空退職後、海外の航空会社を利用する機会が増えて、（1）（2）に示したようにそこでのキャビンアテンダントに接することが多くなった。また、近年はグローバル・アライアンス[1]の加盟国間での共同運航やコードシェア便により、あなたも海外のキャビンアテンダントのサービスに触れる機会が多くなってきていると思う。もしあなたが海外の航空会社を利用したことがあるとすれば、そこでのキャビンアテンダントのサービスにどのような感想を持っただろうか。

ここでは、海外と日本の航空会社のキャビンアテンダントのサービスの提供の仕方について、エコノミークラスでのサービスを取り上げ、その違いをみてみよう。私は主に3つの違いがあるのではないかと考えている。

それらは、①主張の必要性、②個人差のあるサービス、③サービスのスピードである。まず①主張の必要性についてだが、前記（1）で述べたように、海外の航空会社のキャビンアテンダントに対しては、何かものを頼みたいときには言葉に出して主張しないと黙殺されてしまう傾向がある。特に欧米系の航空会社のキャビンアテンダントには、コーヒーのお替りが欲しいときに「欲しい」と言葉で伝えないと、お替りはもらえないことが多い。航空アナリストの杉浦一機氏によれば、海外の航空会社のキャビンアテンダントは「気持ちを汲み取るのを期待するのは、客の甘えである」と考えているという。これに対して日本の航空会社のキャビンアテンダントには、お客様が言葉に出して頼まなくてもサービスをしてもらえることが多い。いわゆる「以心伝心」である。何も言わなくてもお替りを何度も聞きに来てくれるだけでなく、お客様のしぐさや表情を見て取り、サービスを提供してくれる。②個人差のあるサービスだが、海外のキャビンアテンダントのサービスには個人差がある。明るくて元気の良いキャビンアテンダントに遭遇したときには、感じよいサービスでお替りも頼みやすい。反対にニコリともしないキャビンアテンダントには、食事のサービスのときになかなかお替りを頼みにくい。私がある海外の航空会社を利用した際に、キャビンアテンダントが、英語が母国語のお客様にコーヒーのお替りをさしあげたあと、そのお客様とおしゃべりに夢中で、他のお客様がなかなかコーヒーをもらえなかったことがあった。このようにサービスには個人差があり、ムラがある。反対に日本の航空会社のキャビンアテンダントは、サービスに個人差が少なく、平等に丁寧に対応してくれる。言葉が通じないお客様に対して、キャビンアテンダントが腰を落として、お客様と視線を合わせながら一生懸命要望を聞こうとしている姿を、私は何度も見たことがある。③サービスのスピードについては、海外の航空会社のキャビンアテンダントは、総じてサービスのスピードが速い。お替りを何度も聞きに行くことはなく、基本的なサービスのみを提供するので早く終わる。これに対して、日本の航空会社のキャビンアテンダントは、ワインやコーヒーのお替りを何度も聞きに行ったり、2枚目の毛布を配布したりとサービスに時間をかけるので、スピードは遅くゆったりしている。丁寧な分、時間がかかるのである。

以上のように、海外と日本の航空会社のキャビンアテンダントのサービスの提供の仕方を比較してみると、日本の航空会社のキャビンアテンダントの方が良いサービスを提供しているのではないかという結論になる。しかし、海外、特に欧米系の航空会社のキャビンアテンダントのサービスが悪いサービスであると言い切ってしまうのは、やや一方的であるかもしれない。なぜならば、機内では文化背景が異なる人とのコミュニケーション、つまり異文化コミュニケーションが行われていて、文化背景の違いが誤解を生むもとになっていることが考えられるからである。

異文化コミュニケーションの研究者である八代京子らは、ある文化と他の文化の人々の相互理解の障壁となっているものは、語彙や言葉の相違だけでなく、多くの場合、それぞれの文化が、人々の行動に対して付与する意味の相違によることが大きいという。つまり文化によって、人の行った行動の捉え方が異なるというのだ。自分の欲しいものは「自分の意志で、自分の言葉で表現する」ことを基本としている文化の人は、言葉ではっきり意思表示をしない人を、責任を回避している人と解釈するという。海外の航空会社のキャビンアテンダントは、日本人とは異なる文化背景、つまり「言葉ではっきり意思表示をする」ことを基本とする文化を持っている人が多い。したがって彼女たちは、日本人のお客様が「コーヒーのお替りが欲しい」と言っていないのだから、サービスをする必要はないと解釈しているのである。悪いサービスをしているという意識はないということなのだ。そろそろコーヒーのお替りが欲しいかもしれないと察して、機内を巡回するという行動をしないキャビンアテンダントについて、日本人の「言わなくても察する」という文化背景を持っている私たちは「気がきかない」「なんて思いやりのない人たちなんだろう」と解釈してしまいがちになる。文化が異なると、相手の文化的な立場に立った見方ができないために、誤解の原因は文化背景が異なるからだとは考えずに、誤った原因の帰属をしてしまい相手の性格のせいだと考えてしまうのである。したがって私たちは、海外のキャビンアテンダントが「思いやりのない人」だと決めつけるのではなく、彼女たちの行動は文化的な要因ではないかと考えることが必要なのであろう。日本人の「言わなくても理解してもらえる」という考え方が、日本の文化の影響を受けた日本人特有のものの考え方であり、普遍的ではないことに気づくこと、反対に海外のキャビンアテンダントは、「自分の意志を自分の言葉で表現すること」は異なる文化では通用しないことも理解する必要があろう。そうしないとお互いを責め続けて人間関係が悪くなり、相互理解を深めることができなくなる。

海外と日本の航空会社のキャビンアテンダントの違いは、これらの会社の応募資格や採用担当者の話から、両社の求めている人材が異なっていることからもわかる。キャビンアテン

表５－１　海外と日本の航空会社が求める
キャビンアテンダントとしての要件

海外	日本
①自分らしさと個性	①親しみやすさと控えめさ
②英語力重視	②英語力必要
③留学や海外在住経験，サービス業経験有り	③留学や海外在住経験，サービス業経験有り
④自立心，忍耐力，強い意志，ポジティブな姿勢	④素直，チームワーク力，協調性
⑤日本語力	⑤日本語力

ダントとしてそれぞれの航空会社が求める人材を簡単にまとめると、主に表５－１のような要件をあげることができよう。

海外の航空会社は自社のキャビンアテンダントに、①自分らしさと個性を持っている人を求めている。つまり、多様な文化を持つお客様に対応する際には、キャビンアテンダントもその人らしさやその人の個性が重要となり、それが魅力となると考えているのであろう。これに対して、日本の航空会社はキャビンアテンダントに、①親しみやすさと控えめさを求めている。第一印象を重視し、誰にでも親しみやすく控えめで、声をかけられやすいような人であることが重要だと言っている。あまりに個性的であると、あるお客様には好まれるが、別のお客様からはとっつきにくいなどと思われてしまうかもしれないということなのであろう。海外の航空会社が求めている人材と、まさに真逆の人が必要と考えている。

②英語力重視については、海外の航空会社は英語力を非常に重視している。それは、まず同僚と円滑なコミュニケーションがとれないと仕事をすることができないからだ。また、海外都市にベースを置いている海外の航空会社、例えば、シンガポール航空（ベースはシンガポール）、キャセイパシフィック航空（ベースは香港）、エミレーツ航空（ベースはドバイ）などがあることからも、英語が堪能であることは生活していく上でも重要となる。日本の航空会社も英語力は重視しているが、海外の航空会社ほどではなかった。しかし、日本は２０２０年にオリンピックイヤーを迎えることもあり、多くの外国人旅行者が日本を訪れることが予想され、近年は日本の航空会社も英語が堪能である人を求めている。③留学・海外在住経験、サービス業経験について、海外の航空会社は応募資格にこれらの経験があることを明確に記載している会社が多い。留学・海外在住経験があれば、多様な文化の人々と接点を持ったことがあり、それぞれの国の文化背景を理解していることが推測できる。また、サービス業に従事しお客様対応の経験があれば、研修を行っても理解度が速い。日本の航空会社においても③の項目を満たしていることが望ましいであろう。④については、海外と日本の航空会社とでは大きく異なる項目をあげている。海外の航空会社は、④自立心、忍耐力、強い意志、ポジティブな姿勢をあげている。つまり、自分だけの力で物事をやり遂げるという自立心があ

り、さまざまな国籍を持つ人と仕事をするには忍耐力が必要である。また、海外で1人で暮らしていくには、強い意志とポジティブな姿勢が重要となる。日本の航空会社は、④素直、チームワーク力、協調性が重要と考えており、学びに対する素直な姿勢を持ち、周りの助言を素直に受け入れること、協調性に富み、チームで協力して仕事をすることができる人が望まれている。⑤日本語力については、両社とも重要だとしている。美しい日本語が話せること、敬語が正しく使えて丁寧な言葉使いができる人を求めている。とりわけ海外の航空会社が日本人のキャビンアテンダントに求めているものは、日本人のお客様にとってより快適なフライトになるために、言葉だけでなく文化の懸け橋としての役割を担うことである。つまり、日本人のお客様と同じ文化背景を持っていれば、主張せず我慢している日本人のお客様への良いサービスにつながるからであろう。応募資格に日本文化に精通していることを条件の1つとしてあげている航空会社もある。

以上のように海外と日本の航空会社のキャビンアテンダントには違いがある。したがってこれからは海外の、特に欧米の航空会社を利用したときには、何が欲しいか、何を望んでいるのかを勇気を持って主張するようにしたい。楽しいフライトになるか否かは、私たち乗客の行動にかかっているともいえよう。

第2節　アメリカでの生活

(1) 救急車事件

私たちが、夫の転勤でアメリカのマサチューセッツ州のウースター市に移り住んだのは、1976年でアメリカ独立200周年の記念の年であった。

到着した日のウースター市は、どんよりとした雲に覆われた空に、道路の脇には雪が積もり、非常に寒かった。途中ハワイに寄ってきたこともあり、寒さが余計に身に染みたのかもしれない。息子は2歳になったばかりで、日本で少し風邪気味であったことや長旅で疲れていたのかもしれないが、着いて間もないときに高熱を出した。そこで、夫に運転をしてもらいファミリードクターの診察を受け、薬をもらって帰宅した。夫は仕事に出かけて行き、私は息子に薬を飲ませ、しばらくたって息子の部屋に行ったところ、息子が突然手足を突っ張り、白目をむいて震えだした。何がおこったのかわからず気が動転した私は、夫の会社に電話をしたが夫は外出中。子供が死んでしまうのではないかとパニックに陥った私は、救急車を呼んだ。

すぐに来た救急車に子供とともに乗り込み、どんな状態であったか救急士に説明をしようとしたが、私の英語力では十分な説明ができない。「convulsions（ひきつけ）」という言葉を知らなかったので、身振り手振りで息子がどんな状態であったかを説明した。

異国の地に来てすぐに息子がひきつけを起こし、生まれてはじめて救急車に乗り、頼みの夫はいない、心細くて仕方がなかった。このことがあってから、緊急時のときに必要なことを言えるようにしなくては駄目だ、とにかく英語を勉強することを肝に銘じた。スチュワーデス時代から続いている英語習得は、私の継続課題であった。しかし英語の単語を知らなくても、とにかくコミュニケーションをとることを心がけたせいか、少しずつではあったが私の英語力は向上していったように思う。語学をマスターするには外国に住むのが一番だと言われていることは本当だった。

稲垣佳世子氏らによれば、外国に住むと英語が上達するのは、「意思を伝える必要から学ぶ」からであるという。つまり、外国に住むとコミュニケーションの必要性は切実だからである。息子の救急車事件のときなどは、きちんと息子の状況を伝えることができなければ、適切な治療を受けることができない。息子の死を招いたかもしれない切実なことである。したがって、かけつけた救急士に息子の様子を伝えるとき、私は言っていることが文法的に正しいか、発音は良いかなど考えなかった。身振り手振りでもとにかく、必要なことをなるべく正しく伝えること、これが先決だったのである。買い物に行って夕食の食材を買うときにも、理解できるまで何度も聞き返すし伝える、息子の幼稚園での先生とのやり取りでも、息子の様子や両親との面談の日程など、間違えないようにと何度でも聞き返す。つまり、日常生活で、現実的必要性にかられて外国語を話す。意思の交換という目標の達成に向けて、粘り強く活動を続ける。これが、効果的に外国語を学ぶのに寄与しているのである。

したがって、私たち日本人が中学・高校と合わせて6年間も英語を学んでいるにも関わらず、英語で外国人と自由に意思疎通をできる人が少ないのは、現実的な必要性が低いことが大きいのである。学校での学習は将来出会うかもしれない外国人とのコミュニケーションに備えて、一般的な準備をするという勉強なので、現実的な必要性が低い。そこで、文法や発音中心の「正しい文を話す」ことに重点がおかれやすいのである。現実的な必要性が生じるような状況に身を置くには、短期間でもいいので海外留学を経験することが必要なのかもしれない。

（2）カルチャー・ショック

マグロの握りに舌鼓をうち、次にしめさば、玉（だし巻き卵）を食べようとした丁度そのとき、目がさめた。おいしいお寿司を食べていたのは夢であった。日本食が食べたい、とくにお寿司が食べたくて仕方がなかった。そこで、夫とお寿司を食べに行こうということで、週末にボストンまでお寿司を食べに行った。しかし、ボストンでお寿司を食べて帰ってきてから数日がたったころ、なんだかイライラして人に会うのも嫌で、家にこもっている日が多くなった。熱があるわけではなく、咳がでているわけでもない。ただ憂鬱で疲れがたまっている感じなのである。いったいどうしたのだろうか、自分でも自分の体調不良の原因がわからなかった。

そのことを友人に話したところ、彼女いわく、それはカルチャー・ショックではないかということであった。カルチャー・ショックという言葉は、文化人類学者のオバーグが最初に言った言葉で、「社会的な関わり合いに関するすべての慣れ親しんだサイン（記号）やシンボル（象徴）を失うことによって突然生まれるもの」と言われているという。慣れ親しんだものがなくなり、よくわからないものや慣れないものに直面し、そのためにおこった不安、動揺、緊張などがカルチャー・ショックだというのだ。

私がカルチャー・ショックに？と思ったが、良く考えてみると、息子の救急車事件以来、積極的に外に出て英語で会話を心がけたが、意味がわからない言葉も多くあり、いつも不安や緊張感を感じていたことを思い出した。食事もハンバーガーやホットドック、厚切り肉やフライドポテトなど、胸焼けするものも多く、大好きなお寿司や味噌汁、納豆などは手に入れにくいので我慢をしていた。

また、アメリカ生活に早く適応しようとする気持ちが強すぎたことも原因の1つであったのかもしれない。適応とは、新しい環境になじむことであり、環境との調和を得ることでもある。私は新しい環境になじめず、不調和のまま緊張を持続させていたのだ。新しいものを追いかけるあまり慣れたものを捨てる生活をしていて、ストレスがたまっていたのである。人は、時にはなじんでいるもの、それがあると心が癒されるもの、くつろげるものに目を向けることが必要なのだ。そういえば、スチュワーデス時代に欧米路線などでは、日本への帰りの便で日本そばやお味噌汁を提供していて、それを配ってさしあげたときのお客様の嬉しそうな、ホッとしたような表情を思い出した。慣れ親しんだものは心を癒す。

そこで、私は日本の食材を売っているお店に行って、味噌やだし、納豆などを購入し、ときには日本の味を楽しむようにすることにした。ニューヨークに住む日本人の友人に会いに行って日本語で思う存分話をしたりして、いっときも早くアメリカ生活に慣れようと頑張りすぎないようにした。いつも身近にあって心を支えているもの、なくなったら困るもの、心を育て癒すものの存在を忘れないようにすることは、心の調和と安定を図るために重要なのである。

（3）日常生活でホスピタリティを表す

移民の国であるアメリカは、さまざまな国の人々が移り住んでいる。犬養道子氏の書籍『私のアメリカ』によれば、それらの人々は「新しくアメリカ人になった人」たちである。1600年初頭から大西洋を渡り、のちには太平洋やメキシコ湾を渡ってアメリカに移り住んできて、自らの意志でアメリカ人となることを選び取ったさまざまな人種のさまざまな人間がいるのがアメリカであると述べている。そして、今なお新しくアメリカ人になろうとアメリカに来ている人々も多い。そのような歴史的背景からか、私たちがウースター市に住み始めた当初、いろいろなところで「Do you live in U.S.A permanently？（ずっと住むのか?）」とよく聞かれた。なんで毎回聞かれるのだろうと思っていたが、今思えば「新しくアメリカ人」になるのかと聞いていたのである。

転勤して2週間たった頃、夫が帰宅すると、「ウースターにはインターナショナル・レディス・クラブという、アメリカ人女性たち、主に主婦の人が参加しているみたいだけど、それ以外の国の女性たちとの相互理解のためのクラブがあるそうだよ。入ったら？」と言われた。そのクラブに連絡をとったところ、次の日にダイアン・マイストリー（Ms.Dianne Mystry）という女性から連絡をもらった。彼女は私のパートナーとして、会合があるときにはいつも車で私の送り迎えをしてくれるというのである。そのクラブのアメリカ人の女性はみんな海外から来た女性の相談役であり、パートナーとしてアメリカ生活に慣れるまで、クラブの会合への送迎をしてくれるというきまりになっていた。彼女たちは、それらをボランティアとして行ってくれていたのである。

アメリカに来て母国とは異なった習慣や文化に戸惑っている人々にとっては、アメリカでの生活が円滑にいくように、主婦の立場からサポートをしてくれる彼女たちは力強い味方であった。アメリカ人の女性たちにとっても、このクラブの存在は、彼女たちに異文化を理解する良い機会を提供していた。それはまさにホスピタリティである。

ホスピタリティの起源とは、村落に見知らぬ人、異国人が訪ねてきたとき、その人を歓待し、宿や食事を提供していたことだといわれている。村の人々にとっては、見知らぬ人に宿や食事を提供する過程で異なる文化に触れ、新たな情報を得るという効用があったのである。まさにインターナショナル・レディス・クラブは、私たち異国人を迎え歓待し、私たち異国人は自分の国や文化などについての情報を提供する、つまりホスピタリティを交換する場所であった。

そのためクラブではメンバーが教師役となって、得意の料理や自国の料理を教えるクッキング講座がよく開かれていた。バーベキュー・パーティの時の簡単料理や、ローストビーフの焼き方、感謝祭の料理、クリスマスクッキーの作り方などアメリカ料理を教えてくれる講座はもちろん、ある時はインド人のメンバーによるインド料理講座、中国人のメンバーによる中華料理講座、イタリア人のメンバーによるイタリア料理講座など、さまざまなクッキング講座が開催された。メンバーで日本人は私だけだったので、1回目の日本料理講座では、焼き鳥と炊き込みご飯の作り方をクラブのメンバーに教える機会をもらった。

毎回クッキング講座を終えたあとは、全員でそれを食べて、交流を図ることになっていた。この交流のおかげで、息子のデイ・ケアセンター（日本の保育園のようなもの）の情報や町で行われる行事、あるいは最近できたおいしいレストラン情報などさまざまな情報をもらうことができた。このクラブは、私にとっては情報収集の場であるだけでなく、夫の仕事関係の奥様に加えて、私の個人的友人を作る場となった。彼女たちのおかげで、アメリカでの生活がとても楽しいものになったのである。

新たな人が自分たちの地域に来た時に、「Welcome！（歓迎、ようこそ！）」と迎え入れ、不安で困っているに違いないと手を差し伸べる、このホスピタリティ、おおらかさ、ふところの深さはどこからきているのだろうか。

ウースター市を含むニューイングランド地方の歴史も大いにかかわっているのであろう。1620年に、信仰の自由を求めて、英国からピューリタン（清教徒）たちがメイフラワー号に乗って、マサチューセッツ州のプリマスに到着した。当時すでに高い水準に達した文明、英国に育った人々が何もない土地に移り住んだのである。そのために、住む家、食料品などあらゆるものを自分たちで作る必要があった。質実、勤勉であるといわれているピューリタンの人々は、忍耐強く大地を開拓していったのである。そのために互いに助けあう必要があったことや、新たに来る人々を温かく迎え入れる心が育っていったのである。

そんな先祖のDNAを持った彼女たちに感謝するとともに、自分も人のために必要なことはできるだけしようと思った。エアライン・ビジネスに勤務していたときには、ホスピタリティを持って仕事をしていたつもりではあったが、日常生活の中で見知らぬ人に対してホスピタリティをいつも心がけて接していただろうかというと、自信を持ってイエスということができない。日常生活の中で困っている人をみかけたら、行動をおこすことが本物のホスピタリティなのであろう。

（4）教えることは学ぶこと

インターナショナル・レディス・クラブのメンバーから、日本の習慣や季節の行事について、小学校のあるクラスで話をして欲しいという依頼があった。そこで、まずは日本の習慣について、例えば、靴を脱いで部屋に入る、絨毯ではなく畳の部屋があることなどを紹介しようと思った。ただ「日本ではなぜ靴を脱いで家にはいるのか？」「なぜ絨毯ではなく畳なのか？」と聞かれたらどう答えるのか、その理由を説明できない。スチュワーデスの時に機内で「歌舞伎とは？」「わび、さびとは何か？」と聞かれ、答えられずに冷や汗をかいたことを思い出した。

いろいろ調べると、靴を脱ぐ習慣は平安時代から始まったこと、それは部屋を清潔に保つためだということであった。また、日本の家屋の玄関には、土足のまま入ってよい「たたき」があり、さらに家の中に入る段差の部分である「上がり框（かまち）」があり、そこが結界の役割を果たしている。欧米の家には、床はあるが外との段差がなく、玄関から入ればすぐ家の中であるため、靴を脱がない。また、日本家屋の場合、畳に布団を敷いて休むことから、清潔さを考えると土足はまずいということになったのである。

日本の季節の行事だが、日本は春夏秋冬と4つの季節があり、その季節の移り変わりと一緒になって、独特の文化、伝統として行事が存在している。中緯度で大陸の東に位置する日本列島は、3カ月ごとに季節が変わる。そのせいか、日本人はそれらの変化する季節を身近に感じ、季節を楽しむようになったといわれている。また、民俗学からは「ハレ」と「ケ」という言葉が紹介され、「ハレ」は晴れやかな日、晴れ舞台、晴れ着などと言われるように普段の生活とは異なり、精神的な緊張と興奮を創る機会であり、それが祭りや行事などの非日常に当たる。これに対して「ケ」は普段の生活、日常をさす。「ケ」の生活がうまくいかなくなることを、「ケガレ」と言って忌み嫌った。「ケガレ」とは「毛が枯れること」または「気が枯れること」、つまり、日常生活（ケ）を営む気力が衰えることであり、それを元の元気な状態に回復させるために「ハレ」の行事を行うのである。

小学生には、お正月からはじまって桃の節句、端午の節句、七夕、お月見など、子供たちにとって理解しやすい季節の行事を紹介することにした。当日、私は浴衣を着て授業に出かけ、息子の浴衣を持参して、その着方をデモンストレーションした。その当時、日本では毎

写真５－１　小学校へ訪問したときの筆者と息子

日着物を着ていて、刀をさしている侍がいると思っている子供たちもいたので、浴衣は夏の着物であり、夏祭りのときに着ることが多いことを説明した。

その後、別の友人から、高校で日本について話をして欲しいという依頼をもらうなど、声がかかるようになってきた。このような機会をいただくようになったことから、人に何かを教えるためには、その何倍もの勉強が必要であり、「教えることは学ぶこと」であることを知ったのであった。

（5）学びたいときが学ぶとき

夫の同僚、スチーブ・ケイヒルの奥様であるキャロル・ケイヒル（Ms Carol Cahill）は、高校を卒業後、結婚し、子供を2人授かった。その後、子供たちが小学校にあがったのを機に、2年制の大学であるクインシガモンド・コミュ

写真５－２　幼稚園での息子

ニティ・カレッジ（Quinsigamond Community College）に通いはじめていた。卒業したら、幼稚園の先生になるのが夢だそうで、幼児教育科で勉強をしていた。将来の夢を語るキャロルは、親切で思慮深い女性であった。私もアメリカに転勤したら、大学で授業をとりたいと考えていたので、彼女にそのことを相談した。すると彼女からカレッジには幼稚園が併設されているので、その幼稚園に子供を通園させて、その間に授業をとったらいいのではないかと勧めてもらった。さっそく夫と私はその幼稚園に見学に行き、入園させることを決めた（写真５－２）。息子に友達ができるように幼稚園に通わせたいと考えていた私たちにとって、タイミングも良かったのである。

アパートから車で10分ぐらい行ったところにあったカレッジに通い始めてから、素敵な女性と知り合った（写

写真5－3　クインシガモンド・コミュニティ・カレッジを背にして

真5—3)。

その女性の名前は、エバ・ブラウン(Ms Eva Brown)。年齢はなんと78歳で、もうすでに独立した5人の子供たちの母親であった。彼女との最初の出会いは、生物の解剖の授業であった。私よりもかなり年上の女性が授業をとっているのに興味を持った私は、カフェテリアで彼女をみかけたときに、声をかけた。勉強を始めた理由をたずねる私に、彼女は5人の子供を育てあげたので、これからは私の人生。だから勉強して、将来はかねてから興味のあった福祉関係の仕事に就きたいと思っていることを話してくれた。それを聞いた私は、驚いて言葉も出なかった。卒業したときに80歳になる彼女は、人の役に立つ仕事がしたいというのである。彼女のその学ぶ姿勢からは、学ぶことには年齢は関係ないこと、学びたいと思ったときが学ぶときであることを教えてもらった。彼女の行動に勇気づけられた私は、アメリカ滞在中はそのカレッジに通い、帰国してからは上智大学の比較文化学部に編入をして、学ぶことを続けたのである。

人間の成長にとって不可欠なのは、豊かな人間関係であり、年長者のモデルの存在が重要であると言われている。エバは、私に学ぶことの重要性を教えてくれた年長者のモデルの1人であった。そのカレッジでは、昼間はフルタイムで仕事を持ち、夜間コースを取ってその後4年制の大学に編入をしようとしている社会人や、エバのように主婦で勉強を続けている人など、さまざまな経歴の持ち主が学んでいた。その当時の日本では、学校は青少年が行くもので、結婚して主婦になってから学校に行くことは普通ではないと思われていた。そのためカレッジに通っている私が、何となく後ろめたい気持ちでいたのは否めなかった。しかし、アメリカでは人種、年齢、性別に関係なく、学びたい時に学べる仕組みができていた。つまり、夜間のクラスや夏休みにはさまざまな時間帯でクラスが開講されており、一定の条件をみたしていれば入学することができたことから、私は育児や主婦業で時間のやりくりが大変だったものの学ぶことを続けることができたのである。

また、学ぶことができたのには、アメリカには多様性を認める風土があったことも大きい。私はスチュワーデス時代にさまざまな国籍を持つお客様と接するという機会があったので、多様性を尊重するということは頭ではわかってはいたが、実際に自分がその多様性の必要性を実感するということは今までなかった。しかし、移民の国であるアメリカは、さまざまな国籍、文化、価値観を持った人々の集まりでできている国である。「今、カレッジに行って、幼児教育を学んでいる」というと、「それはいいね。どんな内容の授業を受けているのか」という質問が普通に返ってくる。主婦で子供がいて学んでいることは別に特別なことではなく、自分の意思で興味があることをやっていること、人それぞれの価値観に基づいて行っていることで、それは素晴らしいということなのである。多様性を認めることを端的に表している言葉に「That's not strange. That's different. Different is wonderful.（それは、変なことではない。それは異なっているのだ。異なっていることは素晴らしい）」がある。異なっていること、違うことは、その人の個性であるというのだ。

価値観とは、ものの考え方や判断の基準になるものである。その価値観は、その人が所属してきた国や集団、関わった人との関係の中で作られる。価値観が異なるので「いい」「悪い」とかは簡単にはいえない。人はいろいろな考え方を持っているのだということを頭に置けば、自分の考えが正しいとは簡単にはいえないということなのだ。しかし、協力して物事を進めたり、一緒に仕事をするには、互いの価値観の違いを認める必要がある。人間関係トレーニングの専門家である星野欣生氏は、価値観の違いをどう扱うかについて次のように説明している。

まず、自分の意見をはっきり言って、それを聴いてもらうことが必要である。言うことを全部言って、聴いてもらえたと思うと、あまり自分の意見にこだわらなくなる。意見は違っているけれど、あなたのことはよくわかる。つまり意見は違っていても、お互いに理解しあえたということになる。相手の考えを理解するということは、相手と自分の考えを一致させることではない。一致することもあるが、一致しなくても相手の考えを受け入れることができる。価値観を超えて、違いを受容することから深いかかわりが生まれてくる。

カレッジの授業内では、色々な意見が飛び交い、日本人の私はなかなかそのディスカッションの輪の中に入っていけないのだが、そこでは多様性と価値観を認めるための作業をしているのだ。多様性と価値観を受け入れるためには、コミュニケーションが欠かせないのである。

（6）休日は「感動を脳に刻む日」

夫と私はアメリカ転勤が決まったとき、海外に住むことは生涯何度もあるようなことでは

写真5－4　パレード

ない、貴重な機会なので、お金を貯めるよりも「体験と感動を貯めよう」と決めていた。したがって休日は「感動を脳に刻む日」であった。毎週、どこかの村や町で、小さなフェスティバル、フリーマーケット（のみの市）、イベントをやっているのを捜し、どこへでも出かけて行った。私たちがアメリカに転勤した年は、アメリカ独立200周年でもあったので、週末ごとにパレードなどが行われていた（写真5—4）。

その結果、毎週末は美しい景色を見て感動し、新しい出会いに、異文化とのふれあいに感動する日々であった。多くの出来事や出会いがあったが、本書ではその一部を紹介する。

①ドライブの日

ニューイングランド地方の家々は、落ち着きがあって

写真５－５　細長い尖塔のある教会

格調高く、かつ古風な趣のある家が多い。また、細長い尖塔のある真っ白な教会は美しく、町の中心地に堂々と立っている（写真5－5）。ニューイングランドでは、カリフォルニアやハワイとはまったく異なった風景を見ることができる。私たち夫婦はそんな雰囲気の家や教会が大好きで、休日になると家族３人で、さまざまなところにドライブをし、そこでの街並みや家、公園、野山での風景を楽しんだ。

ある日曜日、私たち３人はバーモント州にあるメイプルシロップの工場に向けて車を走らせていた。マサチューセッツ州からバーモント州にはいると、木の橋に屋根が付けられたカバードブリッジに遭遇することが多い。この橋は、ニューイングランド地方の中でも積雪量が多いバーモント州に最も多く現存する。側面からみると川の上に小屋を建てたような感じの橋で、

写真５－６　カバードブリッジ

レトロで暖かみがある。

橋に屋根をつける理由は、木造である床などを雨や雪などによる腐食から守るためで、屋根を付けると木造の床の寿命が数倍以上伸びるのだそうだ。その日に渡った橋はリンカーンブリッジといい、側面に窓がなく外の光が入ってこないので、渡っている間は一瞬ではあるがやや心もとない気持ちになる（写真５―６）。

カバードブリッジはヨーロッパが起源だそうで、アメリカで最初にカバードブリッジが建立されたのは、１７８０年～１７９０年代だと言われている。19世紀には、１万２、０００～２万にのぼるカバードブリッジが建てられたと推測されている。しかし、洪水、放火、産業の発展で近代的な橋に切り替えられ、カバードブリッジはかなりの数が消失したそうだ。ただ20世紀に入って、橋の歴史的意義や温かみのある木の橋の大切さに気付いた土地の人々が保存運動を起こし現在にいたっている。

川にかかっている橋は、人々や車を安全に速く目的地まで移動させる。川に橋がかかっていなければ、人も車も対岸に行くには時間がかかる。特に雪が降ったときには、川を渡るのは至難の業である。いわばエアライン・ビジネスが持つ働きと同様に、人々を安全に速く移動させ、目的地での行動を達成させるという手段としての役割を持っている。さらに橋は、人々のさまざまな想いも移動させる。ロバート・ジェームス・ウイラー著の大ベストセラー小説の『マディソン郡の橋』では、カバードブリッジが重要な役割を果たす。写真家のロバート・キンケイドは、屋根付きの橋の特集のためにそれらの写真を取りにアイオア州に来た。そこでカバードブリッジの1つであるローズマン・ブリッジを捜しに来て迷ってしまい、農夫の妻であったフランチェスカ・ジョンソンにその橋まで案内してもらう。その出会いから始まったラブストーリーである。まさに2人の想いの橋渡しをしたのがカバードブリッジであった。レトロなカバードブリッジには、人々の想いがつまっている。風景を見るときに、そこで起こったストーリーから、その時の人々の想いに心を重ねると、その風景は訪れた人に記憶に残る感動を呼び起こす。

写真5－7　ブルーベリーを摘む

②ブルーベリーの日

今ブルーベリーが旬であると聞いた私たちは、野生のブルーベリーがとれる場所を教えてもらい、家族3人で摘みに行った。野生のブルーベリーが一面に生えているのを見たとき、私たち3人は感動のあまり、しばしその光景に見とれてしまった。その後、私たちはブルーベリーを摘み始めたが、息子はというと首から小さなプラスチックの入れ物をさげてブルーベリーをとっていたが、顔をみると口の周りが紫になっていて、バケツに入れるよりもどうも口に入れている方が多かったようであった（写真5－7）。

それでも家族3人で、大きなバケツ一杯のブルーベリーを摘んできた。私は友人からブルーベリーパイのつくり方を教えてもらっていたので、帰宅後、さっそくパイを焼いた。焼きたてのブルーベリーパイはまさに感動する味であった。その日、ブルーベリーパイをたくさん焼いた私は、私たちの住むアパートの管理をしてくれている女性、ジョアン（Ms. Joan White）に焼きたてのブルーベリーパイを持って行った。そのときは玄関先でパイを渡して別れたが、その2日後、彼女から電話があり、アップルパイを焼いたので食べに来ないかとの誘いをもらった。彼女の息子マシューは私の息子と同年齢で、彼らはよく外で一緒に遊んでいる仲であった。しかし、私は彼女とはそれほど親しくなく、朝会ったときに挨拶をする程度であった。もちろん彼女のアパートの部屋に行ったことはなかった。はじめての招待を受けて、息子と一緒に彼女のアパートに出かけて行った。彼女は、焼きたてのニューイングランド風アップルパイにバニラアイスクリームをのせ、さらにメイプルシロップをかけて出してくれた。アップルパイアラモードである。そのおいしかったこと。

そしてなによりも楽しかったのは、彼女との会話であった。お互いの子供たちの幼稚園の話から、両国の年中行事の違い、料理の話まで、アップルパイを食べながら、いろいろな話をした。次は、私のアパートに招待する約束をしてその日は帰宅した。それ以来、機会があれば連絡をしあい、友情を深めていった。

ブルーベリーパイがきっかけで友情をはぐくむことができたのだが、それが可能となったのは互いの自己開示が進んだからである。自己開示とは、特定の他者に自分自身に関する情報を言語を介して伝達することである。つまり、私はジョアンに息子の幼稚園の様子、日本のお正月にどのような料理を作ったり、親戚が集まってどのように過ごすのかなど私自身に関する情報を伝えた。それに対して、ジョアンは自分の息子の幼稚園の話や、アメリカのクリスマスについて、お正月は特に何もしないことなどを話してくれたのである。

社会心理学者のアルトマンらは、この自己開示には広さと深さがあるという。つまり、私たちは話す相手によって、話す範囲や内容を変えている。親しくなると色々なことを話すだけでなく、自分の感情など深い内容の話までするようになる。しかし、初対面だと決まったことしか話さない。また、自己開示はその仕方によって、相手との人間関係が決まってくる。つまり、相手が自己開示をせずに相手のことが何もわからなければ、その人に親しみが持てず、好意も生まれない。反対に相手が自己開示してくれると、その人のことを良く知ることができるため、親しみがわき、好意を持つのである。私たちが話をしていて、「私が話したのだから、次はあなたね、あなたの話を聞かせて」というのは、相互に自己開示をすることで人間関係を深めていきたいという気持ちの表れである。

私が自己開示をしたのは、彼女と仲良くなりたかったし、私のことを知ってもらいたかった、そしてもちろん彼女のことを知りたいと思っていたからだ。ブルーベリーパイは手段であって、目的は、彼女と仲良くなり人間関係を深めることで感動を経験したかったのである。

③コテッジの一週間

夏休みをケープコッド（Cape Cod）で過ごそうということになった。ケープコッドはマサチューセッツ州南部にあり、大西洋に向かってひじを曲げたように突き出す半島である。昔はたくさんのタラが獲れたそうで、それにちなんで「タラ岬（ケープコッド）」と名付けられたそうだ。長く続くビーチ、松やオークの森、さらには数多くの湖や池、クランベリー畑があり、とても美しい半島である。19世紀中ごろにここを訪れたヘンリー・ダヴィッド・ソローは、ケープコッドがニューイングランド人にとってのリゾート地になると予言をしていたそうだ。その予言の通り、第二次大戦後のハイウエー建設で、海浜リゾートとしての地位を確立したという。したがって、ケープコッドはアメリカ人の憧れのリゾート地であり、第35代合衆国大統領であったジョン・F・ケネディが、ケープコッドの中心地であるハイアニス（Hyannis）に別荘を持っていたことでも有名な場所である。

写真５－８　コテッジの庭で食事

私たちが過ごしたイースタム（Eastham）は、ハイアニスからさらに西に行った場所にあった。借りたコテッジは海辺に建ったグリーンの外壁のこじんまりしたもので、使い勝手のよいキッチン、２ベッドルームとリビングルームがあった。家族３人では広すぎるコテッジであった。

イースタムでの1日目、鳥のさえずりで目がさめると、息子が部屋にいない。驚いて外に出ると、誰もいない砂浜で裸足で貝を拾っていた。ゆったりとした1日が始まった。庭で遅い朝食を食べるため、バーベキューセットを取り出し、ベーコンと目玉焼きを作った（写真5―8）。そのあとはビーチで泳いだり、コテッジの周りを散策したり、自然を楽しんだ。夏のまっさかりであるにも関わらず、ビーチで泳いでいる人は私たち家族だけ。イースタムだけでなく、ケープコッドの海岸はハワイのワイキキビーチとはまったく異なる様相をしている。静けさとそこはかとない厳しさが混ざっている海岸である。夏でこのような感じを受けるのだから、冬のケープコッドはきっと寒くて厳しいに違いないと思った。

２日目は、ケープコッドの先端にあるプロビンスタウンに行った。１９６０年11月9日にオランダを出航したメイフラワー号の１０２人が、ケープコッドを目にして、プロビンスタウンの沖合で「メイフラワー号誓約書」を作成したことから、アメリカ人にとっては、プロビンスタウンは特別の場所である。現在は芸術家が多く集まる場所であり、ギャラリーや手作りのバッグ、アクセサリーなどを扱うショップが軒を連ねている。夕食は、生きたロブスターを買ってきて、大鍋でゆでたあと、バターソースをつけて食べるために大皿に取り分けた。残りは、デイル風味のマヨネーズソースであえたロブスターサラダをつくって、白ワインとともにロブスターを満喫した。３日目は、明日から私たちのコテッジを訪ねてくるベネット家の人たちとのバーベキューをするための材料の買い出しに行き、４日目はベネット家と過ごすなど、毎日気の向くままに休暇を楽しんだ。イースタム滞在の最後の日、私たち３人は海岸に椅子を持ち出して、黙って沈んでいく夕日をながめた。心にしみる美しいオレンジ色は、私たちに感動と安らぎを与えてくれた。

私たちが借りたコテッジがあるイースタムは、アメリカンネイチャーライターの1人であるヘンリー・ベストンが1年間住んだ場所でもある。ベストンは、イースタムに別荘を建て、その浜辺の美しさに魅せられ、そこでの暮らしをしてみたいと考えたのである。彼は、『ケープコッドの海辺に暮らして』という書籍の中で、自然を慈しむことは私たち人間の心を癒すと説いている。

「地球を辱めれば、人間を辱めることになる。炎に手をかざすように、地球に手をかざしたまえ。自然を愛するすべての人に、自分の血管の戸口を開いて自然を招き入れようとするすべての人に、自然は力を与えてくれる。」

ベストンが言っているように、自然がもたらす力に癒され、感動を胸に刻んだ1週間であった。

④サマータイムで人生を2倍楽しむ

私たちの住んでいたニューイングランドのマサチューセッツ州には、大小さまざまな池が点在していた。夫の友達であるゴス夫婦（Mr. & Mrs. Goss）は池のほとりに別荘を持っていた。サマータイムが始まったある金曜日、私たちは夕方からのゴス家のバーベキューパーティの招待を受けた。

　サマータイムとは、デイライトセービングタイム（Daylight Saving Time）と言われているように、日の出の時刻が早まり、日照時間の長い夏の一定期間に標準時間を1時間進める制度のことをさす。アメリカでは、毎年3月の第2日曜日から11月の第1日曜日までの間、標準時間を1時間進めてサマータイムが実行されている。昼間の明るい時間に仕事をすることで、夕方以降、夜の余暇時間を長く持つことができる。また、省エネにもつながるということで、欧米諸国をはじめとする世界60カ国に導入されている制度である。

　このサマータイムのおかげで、まだ日が照っている17時からゴス家でのパーティが始まった。仕事場から続々と駆け付ける人々で、ゴス家の別荘には30名近くの人が集まっていた。池のほとりでは、ミスターゴスがグリルで大量のチキンとコーンを焼き、招待されてきた人たちはそれぞれが水着と料理を一品持ち寄ってきた。私は、炊き込みご飯を持参した。子供たちは池に飛び込んで水遊びをし、大人は思い思いにビール片手に談笑。大量のチキンとコーン、サラダ、そして私が持参した炊き込みご飯もあっという間になくなった。ゴス家の小さな別荘にはシャワーがついていなかった。だがミスターゴスいわく、池に飛び込んで体を洗うのでシャワーは必要ないのだそうだ。別荘の2階の窓から、年長の子供たちが飛び込みをしていた。みんな元気に夏のウイークデイの夕刻を楽しんでいた。

このようにサマータイムによって、仕事から帰ってきてからも、明るいうちに公園に出かけたり、バーベキューをしたり、池で泳いだりと夕方の余暇時間に家族と過ごす時間を長く持つことができる。日本にいたときには、夫が自宅に帰ってくるのは早くても20時だったので、とてもそれから何かをする時間も気力もなかった。それに対してアメリカでは、サマータイムがある時期には、夫が帰宅するのを待って、さまざまなところに出かけたり、庭でバーベキューパーティをしたりと、余暇時間を大いに楽しむことができた。日本でもこのような制度を採用すればいいのにとよく思ったものである。

最近日本でも、２０２０年東京オリンピック・パラリンピックに向けて、暑さ対策の１つとして、サマータイム導入が検討され始めた。サマータイム導入のメリットは、先にのべたように、①余暇時間を長く持てる、②朝の涼しい時間や夕方の明るい時間に仕事ができるので、省エネや地球温暖化対策につながるということ、それらに加えて、③経済の活性化、④交通事故や犯罪の防止があげられている。このように多くのメリットを生み出すと思われるサマータイム制度だが、いくつかのデメリットもあるという。しかし、サマータイム制度によって私たちは、アメリカ転勤中、人生を2倍楽しく過ごし、感動を心に刻む日々を送れたのも事実である。

第3節　大学の教員として

（1）大学の教員の役割とは

アメリカでの転勤生活から帰国後、スチュワーデス時代にお世話になった先輩、平野容子さんから、「内面も外面も魅力的な女性を育て、社会に送り出す学校を設立しようと考えているので、その専門学校での教育に関わって欲しい」と連絡をいただいた。その専門学校には、日本航空時代に1カ月間、国内線で一緒に乗務した素敵な先輩たち、妹尾玲子さんや土田美子さんも参加をしていて、久しぶりに再会を果たしたのである。そこでは、まだ長女が1歳にもならなかったことから、週1回だけコミュニケーションなどの講義を担当させてもらっていた。その後、その専門学校で教官として授業を担当したり、学生指導に従事している過程で、自分の知識が充分ではないことに気づいた。例えば、「笑顔は大事」と言われても、それはなぜなのか、理論的なバックグランドがないので、自分で説得力のある説明ができないのだ。そこで、ホスピタリティ産業において大事だと言われている笑顔やアイコンタクトがなぜ重要なのか、その理論的な理由は何かなどを勉強したいと思い始めたのである。まさに「教えることは学ぶこと」であり、再度「学びたいときが学ぶとき」が来たのであった。

そこで、専門学校で勤務を続けながら、昭和女子大学大学院に進学をし、卒業後はさらに研究を続けたいと考えて、立教大学大学院に進学をした。博士号を取得後、縁あって現在の大学、文教大学の教員に採用していただいた。大学院で研究を続けている過程で、将来は大学で教えたいと考えていたので、教員として学生と関わることができるのは非常にうれしかった。

しかし通常、大学教員は大学院で専門の研究訓練に特化していることから、教員として必要な知識・技能の修得が行われていない。したがって、大学教員は通常、就職してから手探りでそれらを身に付ける必要があった。私も例外ではなく、大学院の博士課程に進学したときからいくつかの大学で非常勤講師として勤務させていただいていたが、専任教員として採用されたことで、今まで以上に大学教員としての役割について理解、認識する必要があった。

大学の教員の役割とは、一般的にいえば①学生への教育、②専門に関する研究、③大学組織を運営するための校務を行うことといえる。中でも、①学生への教育は、大学教員にとって最も重要な役割の1つである。学校教育法でも、大学教員の仕事は、「学生を教授し、その研究を指導すること」と定められている。したがって、大学教員は自分の専門に関する知識内容を明確に学生に教えるとともに、学生の研究を指導する役割がある。つまり、専門知識を教え、それを理解させるだけでなく、学生自身が自分の力で調べて結論を導き出す力を育成する役割がある。これらに加えて、教育学者の羽田貴史氏は、大学教員の役割として、学生を大人（市民）にする役割があることを指摘している。大学教員は学生に対して、良き社会人、家庭人としてアドバイスし、彼らの人格的成長を促す役割があるというのである。価値観を形成させ、社会性を育成する役割を持つのである。

アメリカのミシガン大学の心理学教授であったウィルバート・J・マッキーチはその著書の中で、大学教員の役割として、6つの役割をあげている。その中でも5つ目の役割としてあげている自我の理想（ego ideal）としての役割について、「大学教員は教室の中で英雄的あるいはカリスマ的な役割を演じる役割がある。なぜならば、そのことが学生にとっては自我の理想として機能することがあるからである」と述べている。これはなかなかハードルが高い役割である。しかし、彼はまた次のようなことも言っている。

「教員の献身、熱意が自我の理想としての教員の鍵になる。教員が自ら楽しんでやるべきことを行うことが大事であり、さらには、教員が熱心で親しみがあり、教える教科に興味をもっていれば、学生たちもそこから良い影響を受けるだろう」

これなら私にもできそうだと思い、心がけている。

（2）学生に伝えてきたこと

私は大学の教員として、専門に関する知識に加えて、以下の3つのことは機会があるごとに学生に伝えてきた。それは私がエアライン・ビジネスに関わることで、学び経験してきたことだからである。それらは、①感動経験を蓄積する、②今の経験は将来の自分につながる、③挑戦する、ことである。

①感動経験を蓄積するとは、多くの感動する体験を通して新たな知識や技術を得て、経験として蓄積することが重要であるということだ。ホスピタリティの現場でまずは自分が感動する体験をすることで、自分が感動したのはどのようなサービスを受けたからか、したがって、どのようなサービスをすることでお客様に喜んでもらえるのか、ホスピタリティあふれ

るサービスとは何か、などを学び理解することができ、またそれを行動に移すことができるようになると考えている。この感動経験を蓄積することの重要性は、私がスチュワーデスの訓練時代から、仕事を通して身に染みてわかったことでもある。これは感知力や感性を高めることにもつながるのだ。

そのために専門ゼミナールでは、理論を学び知識を得ることに加えて、お客様満足度が高くホスピタリティあふれるサービスで、そこを訪れるお客様に感動経験を提供している企業や地域を訪問し、実際にそこでのサービスがどのように提供されているのかを学生たちが体験するフィールドワークを実施している。それらを経験知として自分のものにしてもらい、ホスピタリティとは何か、どのような仕組みが感動経験を生み出しているのかを理解する機会を設けている。また、それらの企業へのインターンシップ（職業体験）をすることで、ホスピタリティをどう提供するのかを学び、理解することを奨励している。

②今の経験は将来の自分につながる

「現在は過去の結果である」という言葉がある。今までの過去の経験や行動が今の自分を支えているのであり、人生に無駄なことはない。すべての経験が現在の自分の「できること

＝強み」につながっている。

例えば、現在国内大手の航空会社キャビンアテンダントとして活躍中の神林由佳さんは、8期生の卒業生で、在学中はゼミ長をしてくれていた学生である。彼女は在学中に留学生のサポートをするティーチングアシスタントをし、留学生との交流を深めるために留学生会館に住んでいた。さらには語学の勉強にも励み、TOEIC600以上のスコアも取得していた。4年生になり、キャビンアテンダントの試験を受けたが、国内大手の航空会社には残念ながら不合格となった。彼女は思いやりあふれる女性であり、人が喜ぶ顔を見ることが彼女のモチベーションになっている女性であったことから、キャビンアテンダントとしての適性が充分あり、航空会社は彼女のこの良さをなぜ見抜けないのかと、指導している私も非常に悔しい思いをした。エントリーシートや試験の際の面接対策などの指導も行っていたが、なぜか最終面接では合格とはならなかった。しかし、アシアナ航空のグランドスタッフの採用試験の募集があり、無事にグランドスタッフに合格をした。それは、韓国人の留学生のティーチングアシスタントをしたり、留学生会館で留学生との交流をしていることから異文化理解をしていたこと、ゼミナールでホスピタリティを学んでいたり、ゼミ長としてリーダーシップを発揮していたことなど、大学時代にさまざまなことを経験していたことがすべて役に立ったのであろう。その後、アシアナ航空に1年間勤務したあと、既卒でのキャビンアテンダントの募集に応募した。その結果、夢であったキャビンアテンダントに合格をして、今現在、元気に勤務をしている。彼女にとってグランドスタッフの経験は、1人のお客様を安全に定時に目的地まで移動させるために、いかにチームワークが重要であるかを理解することにつながっているだろうし、それを経験したことで学生時代に合格するには不足していた何かの能力や適性などが身についたのだと思う。そのような彼女には、私の授業にときどき来てもらい、彼女がどのように自分の夢を実現したか、話をしてもらっている。それは在校生に、過去の経験がいかに今の自分を作っているのかを認識してもらいたいと考えているからである。

③挑戦すること

私は身長も低かったし、英語力も飛びぬけて優秀ということはなかったので、スチュワーデスになれるとは思っていなかった。それでもとにかくスチュワーデスの試験に挑戦し、運よく合格することができた。当時から挑戦心はあった方だったのかもしれないが、人生には挑戦が重要だということを確信したのは、アメリカ転勤中に学んだことが多い。まずエバ・

ブラウンに出会ってから、何事にも挑戦することの重要性を学んだ。彼女の口癖は、「Just do it.（とにかくやってみたら）」だった。やってみて失敗しても、そこから学ぶことは多いのだから、とにかくやってみれば良いというのである。

やれない理由はたくさんあるが、その理由は自分がつくりだしていることが多い。「〜できない」と考えるのではなく、「〜ならできる」と考え方を変えてみる。例えば、私がカレッジで幼児心理学の授業を履修しようか迷ったとき、「その授業を取るには英語力が充分ではないし、授業の開講日が土曜日だから、受講できない」ではなく、「その授業なら一生懸命やれば何とか内容を理解できる。授業の開講日が土曜日だから、夫に息子を見てもらえるなら受講できる」に変えてみる。そうすると、できるではないか。やれない理由は自分が作っていたことに気づく。できるようになるための方策を考えて、動き出せば良い。「Just do it.」である。

もう1つ、人からどう思われるか、人からの評価を気にしないようにすることも重要である。日本人は、人から見られる自分を意識する傾向が強い。「出る杭は打たれる」という言葉があるように、人と異なったことをすることは避けるべきであるという意識が強いのであろう。しかしアメリカ人にとって、人と異なったことをすることは個性であり、本人独自の考えであるので、それは尊重されるという考えがある。その環境にいたことで、人からの評価を気にして、自分のやりたいことをやらないということはなるべく避けようと思うようになった。

したがって学生たちには、人がどう思おうと自分のやりたいことに挑戦すること、同じ後悔をするなら、やらないで後悔するより、やって後悔をした方がいい。なぜならば、挑戦したことで学ぶことが多いからである。このように伝えることで、学生たちを鼓舞している。

(3) 学生と関わる

ここでは、ゼミナールにおいて学生と関わるときに心がけていることを述べたいと思う。

①多様性を認める

さまざまな学生が存在し、それぞれが固有の個性を持っていることを理解して学生と関わることである。理解度の高い学生もいれば、時間をかけて習得する学生もいる。文章を書くのが得意な学生、話すのは得意だが文章を書くのが苦手な学生と、それぞれが持っている特性を理解して、その個性をどう伸ばし、そのためにどのような手助けをするのかを考える。

そのためには、まずはそれぞれの持つ多様性を認めることから始める必要がある。

②学生を観察する

学生1人ひとりに目を配り、観察し、その変化に気づくことが重要である。いつもと違う表情や発言など、学生が出しているサインに気づくこと。そのためには学生を丁寧に観察する。注意深く観察することで、学生のヘルプのサインを見つけることができる。見つけたときには、その学生にそっと声をかけ、悩みがないか、個別に話す必要があるかどうかを聞くようにしている。観察をする際に、今の彼女の状態だったら、自分だったらどうして欲しいかを考えると、どのように声掛けをすれば良いかがわかるようになる。

③学生の話を聴く

学生と話をするときには、学生の話をまず聴くよう心がける。とりわけ学生からの相談を受けた場合は、学生の話に耳を傾け、最後まで聴くこと。学生は自分の話を最後まで聞いてもらったことで、自分の気持ちを受け入れてもらったと安心感を持つ。その際に、学生が心から伝えたいと思っていることを知るように努めることが必要で、そのヒントは言葉以外の行動である非言語的行動に表れていることが多い。言葉では「大丈夫」と言っていても、顔色が悪かったり、声に元気がなかったりした場合は、大丈夫ではないのである。

さらに、話を聴くと同時に、学生の思考を深めるような「訊き方」をすることも重要である。つまり「そのときどのように思った?」「あなたはその件についてどのように考えているの?」と、学生がその質問にすぐには答えることができない質問の仕方をするのである。つまり、答えるために思考を必要とする質問を投げかけることで、学生自身が自分で解決策を見つけ出すように導いてあげると良いと思う。学生の話を聴く過程で、必要に応じて適切な質問をすることで、学生の悩みを解決する手助けができる。

④ほめる

ほめることは認めることである。だから、どんなことでも気付いたときには、ほめるようにしている。例えば、素敵なセーターを着てきたときには、「そのセーター、とても素敵ね。似合っている。」、レポートを誰よりも早く提出した学生には「すごい、がんばったね。」、卒業論文で第一章がなかなか終わらず苦労していた学生が終わった時には「最後まで頑張ったね。」など、ほめる題材はたくさんある。

相手が気持ちよくなるほめ方とは、どんなほめ方なのか。心理療法の1つである交流分析では、相手の存在を認める行動を「ストローク」と呼び、「ストローク」を行うことの重要性を説いている。つまり、ほめる、励ます、微笑むなどの行動は、相手を気持ちよくさせる行動なので、プラスのストロークと呼ばれる。プラスのストロークを相手に示すことは、あなたの存在を認めているということを示すことであり、それは相手を気持ちよくさせる。だから笑顔で挨拶をすることも、プラスのストロークの1つである。

⑤学生との信頼関係を築く

上記にあげた①〜④を実行することで、学生との信頼関係を築くことができると思う。学生が言うことを信じる。学生が助けを必要としてきたときは、全力でサポートをするよう心がけている。また、自分の言動が不信感を芽生えさせていないかどうか、ときどき自戒をすることも必要である。時には学生とのコミュニケーションがうまくいかず、落ち込むこともあるし、なんでそれがわかってもらえないのか、イライラすることもたまにある。そういうときは、疲れていて心にゆとりがなくなっていることが多い。そんなとき私はすこし立ち止まって、自分の心に栄養を与える。それは、おいしいものを食べる、半日好きなミステリー本を読むなど、自分の好きなことをしてストレス解消をする。そうすると、自分にも足りなかった点が見えてくる。学生への説明の仕方が不充分であったり、学生の立場に立った行動をしていなかったことに気づく。学生から学ぶことは多い。

註

（1）現在のグローバル・アライアンスは、アメリカン航空、ブリティッシュ・エアウエイズ、日本航空などの「ワンワールド（One World）」、ユナイテッド航空、シンガポール航空、全日空などによる「スター・アライアンス（Star Alliance）」、デルタ航空、エール・フランス、大韓航空などによる「スカイ・チーム（Sky Team）」の3大グループに集約されていると言われている。

引用文献

ベストン・H、村上清敏（訳）『ケープコッドの海辺に暮らして―大いなる浜辺における1年間の生活』本の友社、1997年。

星野欣生『人間関係づくりトレーニング』金子書房、2003年。

稲垣佳世子・波多野誼余夫『人はいかに学ぶか―日常的認知の世界』中央公論社、1989年。

犬養道子『私のアメリカ』新潮社、1975年。

マッキーチ・J・W、高橋靖直（訳）『大学教授法の実際』玉川大学出版部、1984年。

McKeachie, J. Wilbert, *Teaching Tips, A guidebook for the beginning college teacher*, D.C.Health and

Company, 1978.
渡辺文夫『異文化と関わる心理学―グローバリゼーションの時代を生きるために―』サイエンス社、2005年。
川瀬正裕・松本真理子『新自分さがしの心理学―自己理解ワークブック―』ナカニシヤ出版、2003年。

参考文献

大坊郁夫・安藤清志・池田鎌一（編）『社会心理学パースペクティブI』誠信書房、1989年。

石井淳蔵・廣田章光『1からのマーケティング　第3版』碩学舎、2011年。

川本多枝子「エアステージ」『JAL物語』、2019年3月号。

ケビン・F&ジャッキー・F、木幡照雄（訳）『破天荒！　サウスウエスト航空―驚愕の経営』日経BP社、1999年。

齊藤勇一『人間関係の心理学』誠信書房、2002年。

志摩義男『アメリカ、カナダのカバードブリッジ』グラフ社、1985年。

杉浦一機『こんなに違うJALとANA』交通新聞社、2018年。

高橋駿介『キャリア論』東洋経済新聞社、2003年。

ウオラー・R・J、村松　潔（訳）『マディソン郡の橋』文春文庫、1997年。

山口一美『自分らしく仕事をしたいあなたへ』大和書房、1998年。

八代京子・荒木晶子・樋口容視子・山本志都・コミサロフ喜美『異文化コミュニケーション』三修社、2007年。

第6章　エアライン・ビジネスの現状とこれから

第1節　エアライン・ビジネスの現状

(1) 海外におけるエアライン・ビジネスの現状

エアライン・ビジネスのネットワークは、社会経済活動の重要なインフラの1つである。大交流時代を迎えている今、人々はエアライン・ビジネスを利用してさまざまな国に移動し、交流をはかっている。

このように人々の交流を支えているエアライン・ビジネスだが、世界には何社の航空会社が存在するのだろうか。世界の航空会社は、2017年度において1,416社存在し、そのうち定期航空輸送を行っている航空会社は、747社である(図6―1)。

これらの世界の航空会社の旅客輸送数をみてみると、2015年35億6,800万人、2016年38億1,000万人となり、2017年には41億人(概略計算値)と年々、旅客輸送数は増加し

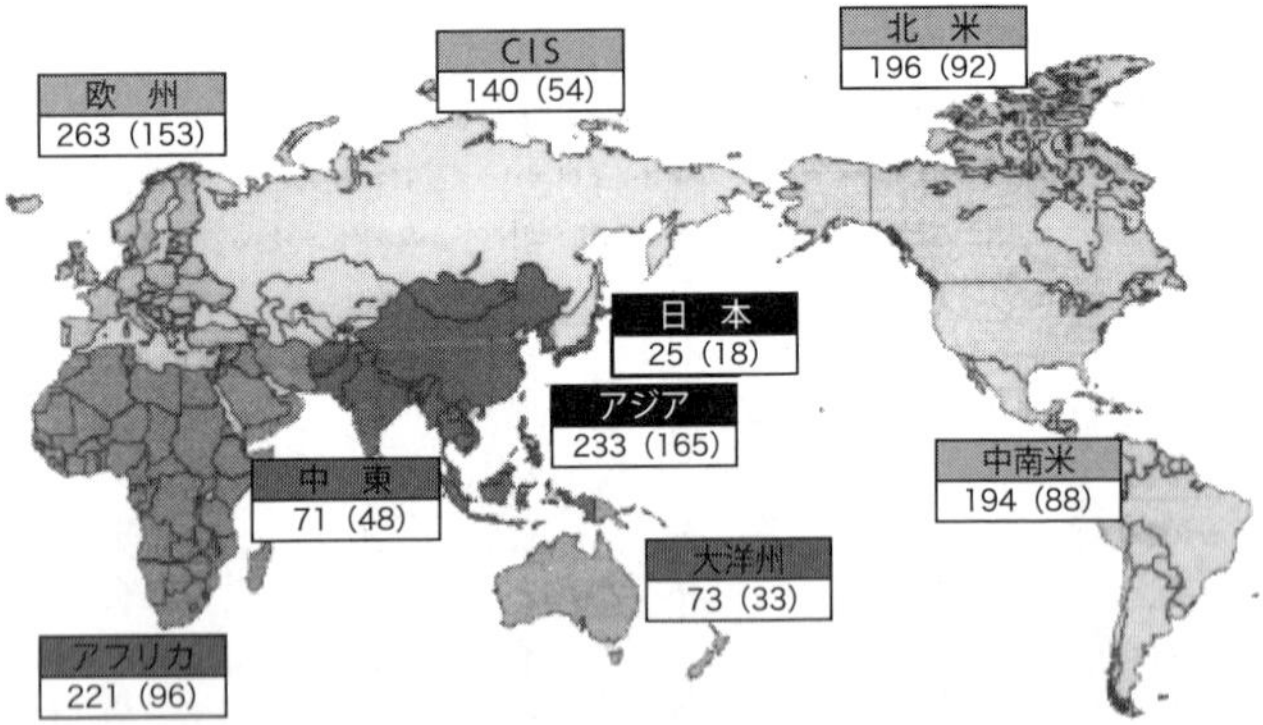

アジアのエアライン数には，日本のエアライン数は含まれていない。
定期／不定期エアライン数（貨物専門会社を含む）：出典　Flight Global, 2018.1.24,（　）は定期旅客エアライン数：出典　OAG Max Database, Sep. 2017

図６－１　世界の航空会社（2017年）

出所：日本航空機開発協会（2018）第４章，p.3より。

ている。世界の航空会社の定期輸送（２０１７年度）の旅客数で一番多いのはＬＣＣであるサウスウエスト航空で、15億７６７万７、０００人、第２位がデルタ航空の14億５９３万１、０００人、第３位がアメリカン航空の14億４８６万３、０００人であり、米国の航空会社が上位３位までを占めている（日本航空協会、２０１８）。

第４章第１節に述べたように、エアライン・ビジネスを利用する私たちにとって、空港は「飛ぶ前」のさまざまな行動ができるので、それが楽しいと考える人も多い。私も海外旅行に行った際、最終目的地に行く途中の経由地の空港でする「飛ぶ前」の行動が大好きな１人である。例えば、娘とスペインに旅行に行った際に、経由地であったイギリスのヒースロー空港でシャンパンとスモークサーモンを楽しみながら、スペインのバルセロナに着いたら、サグラダファミリアに行って、そのあとどこへ行こうかなどと相談する。アイルランドに行く際、経由地のオランダのアムステルダム・スキポール空港で、ワインとチーズを楽しみながらゆったりと飛行機を眺めるなど、多くのワクワクする「飛ぶ前」の行動がある。このように、私たちにこれからの旅への期待を高めてくれる空港だが、世界各国の空港数はどのくらいあるかというと、3,615空港ある。これらの空港の中で発着回数が多く最も忙しい空港(2016年)は、米国アトランタ・ハーツフィールド空港が89万8,356回で第1位となっている。第2位はシカゴ・オヘア空港で86万7,635回、第3位はロサンゼルス国際空港で69万7,138回、第4位はダラス・フォートワース空港で67万2,748回、続く第5位は北京首都国際空港で60万6,086回である。発着回数では、米国の空港が上位5位までに4空港入っている(日本航空機開発協会、2018)。

では空港の乗降客数は、発着回数に比例しているのだろうか。乗降客数世界1位の空港(2016年)は、米国アトランタ・ハーツフィールド空港の1億417万2,000人で、発着回数と同様にダントツ1位である(日本航空協会、2018)。

この空港はデルタ航空のハブ空港でもあり、世界最大である。私はデルタ航空でボストンにアトランタ乗り継ぎで行く際に、この空港を利用する。とにかく広いので迷わないように、そして乗継便に乗り遅れないようにと、ターミナル間を走っているプレイン・トレインというピープル・ムーバーを利用して、まずはゲートまで行くようにしている。第2位は中国北京首都国際空港で9、439万3、000人、第3位はアラブ首長国連邦ドバイ国際空港で8、365万4、000人、第4位は米国ロサンゼルス国際空港で8、092万2、000人、第5位が東京・羽田空港で8、012万2、000人の乗降客がいる。

世界のエアライン・ビジネスの今後について、国際航空運送協会（IATA: International Air Transport Association）によれば、2019年の航空旅客数は5・7％増の45億9、000万人になり、プラス成長であるという。地域別で最も高い利益をあげるのは、北米地域が前年度比13％増の166億ドル、旅客一人当たりの純利益は16・77ドルとなるそうだ。燃料費の下落や、GDP成長率が3・1％と堅調な世界経済を理由に、世界のエアライン・ビジネスは2019年から10年連続での黒字を達成すると予測を立てている。

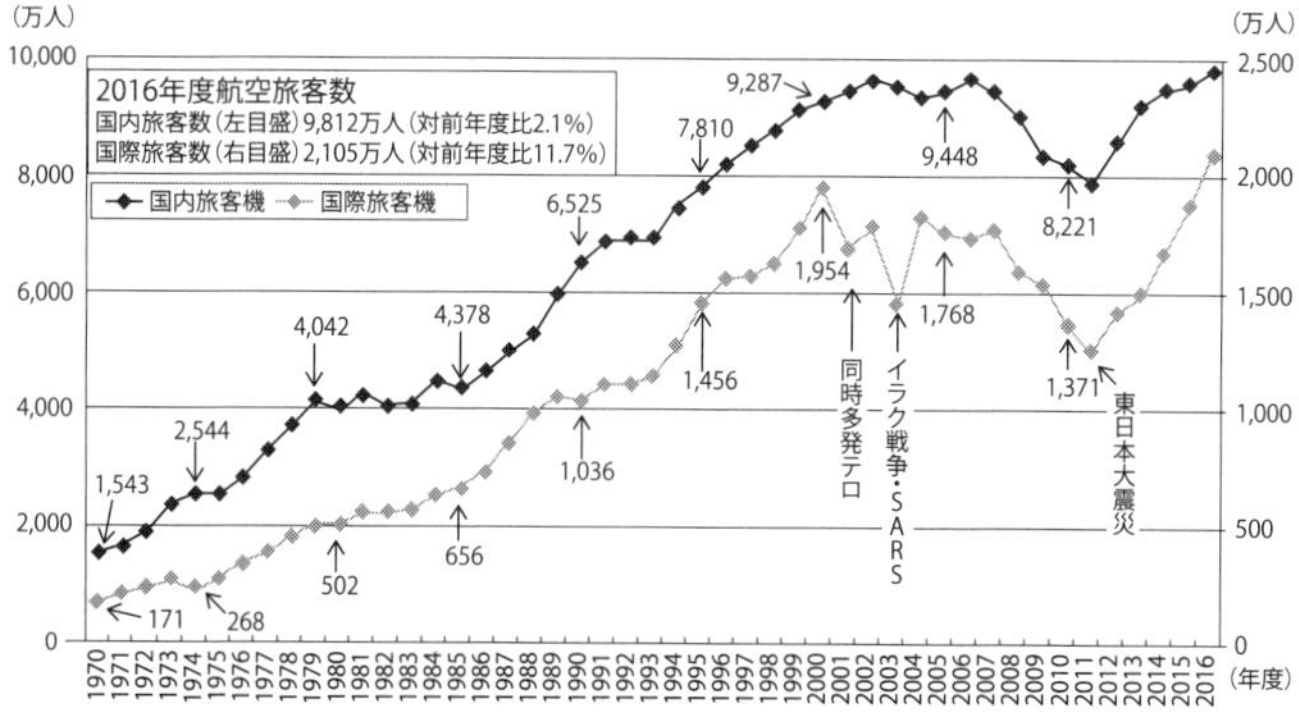

図６－２　日本の航空会社による旅客輸送数の推移

出所：国土交通省（2018）より。

（2）日本のエアライン・ビジネスの現状

次に、日本におけるエアライン・ビジネスの現状について調べてみよう。

図6―1に示したように、日本で定期航空輸送を行っている航空会社は、日本航空、全日本空輸、日本トランスオーシャン航空、スカイマークなどをはじめとして18社である。また、平成30年度版交通政策白書からは、日本における航空会社の輸送旅客数として、国内旅客は2006年をピークに下降していたが、2012年より増加に転じ、2016年は9、812万人（前年度比約2・1%増）となった。国際旅客も2016年に2、105万人（前年度比約11・7%増）と増加をしている（図6―2）。これは、LCCを利用する人が増えたことによって結果的に旅客数が伸びたのである。

空港の発着回数についてであるが、世界の空港の中で20位に東京・羽田空港が入っており、44万5、822回で、これを365日で割ると1日1、221回の発着があり、さらに1日24時間で割ると1時間に50回以上の離着陸があるということになる。2014年から年々、その発着回数は増加している。

空港の乗降客数については、先に示したように東京・羽田空港が世界で第5位の乗降客数を誇っている。平成29年度版民間航空機関連データ集によると、2016年度国内線の乗降客数の順位は、1位が東京・羽田空港、2位が新千歳空港、3位福岡空港、4位那覇空港、5位が大阪国際（伊丹）空港という順位であった。これに対して国際線では、1位が成田国際航空、2位が関西国際空港、3位が東京・羽田空港、4位が中部国際空港、5位が福岡空港という結果であった。

日本のエアライン・ビジネスの今後の動向として、2020年オリンピック・パラリンピック東京大会を見据えて、日本政府が航空ネットワークの拡充・整備を順次実施している。国土交通白書によると、首都圏空港（羽田・成田両空港）の機能強化をするために、2015年に両空港の年間合計発着枠75万回化を達成したが、2032年までに両空港の年間合計発着枠を約80万回へ拡大することに取り組んでいる。それはオリンピック・パラリンピック東京大会の開催を円滑に行うためにも、訪日外国人旅行者数を2020年までに4,000万人にするという目標を達成するためにも必要なことである。また、エアライン・ビジネスを充実させることは地方への移動が楽になることでもあり、それは地方の活性化を進める、つまり地方創生の観点からも重要なことである。加えて、関西国際空港では第1ターミナルにおいて入国審査場を拡張し、LCC専用ターミナルの共用など、中部国際空港ではLCCの拠点化を推進するためのターミナルの整備を行うなどさまざまな取り組みを行っている。これらの取り組みを行うことで、エアライン・ビジネスによる日本経済のより一層の発展や訪日外国人旅行者の増加への貢献が期待されているのだ。

（3）エアライン・ビジネスの使命は、安全性の確保

私は飛行機が大好きなので、乗るたびにワクワクした気持ちになるが、それでも離着陸のときには緊張する。それは、翼を持たない私たちが空を飛ぶという不可能なことをしようとしていること、飛行機の事故の多くが離着陸時に起きていることを知っているからでもある。

いうまでもなくエアライン・ビジネスの最優先事項は、飛行機の安全な運行である。そのためには、エアライン・ビジネスに携わる人が安全性を追求する姿勢を持ち、常に注意を払

う必要がある。毎日の業務の中で経験している小さな事柄を見逃さず解決していくことが、大きな事故を未然に防ぐことにつながる。

現在、日々の安全運航はどのように保たれているか、確認してみよう。それは、グランドスタッフ、整備士、貨物スタッフ、グランドハンドリング、運航管理者、パイロット、キャビンアテンダントなどのスタッフによって支えられている。例えば、グランドスタッフはお客様の手荷物を預かる場合、安全のため預かれない物品が含まれていないかを確認したり、搭乗口では乗る予定のお客様が搭乗されたかどうかを確認し、万が一お客様がいらっしゃらない場合は、安全のため、預かった手荷物をおろすこともする。そして最終的に何名のお客様が機内に乗っているか、キャビンアテンダントに知らせる。

運航管理者は気象状況を確認の上、飛行ルートや飛行高度などを記したフライトプランを作成し乗務前のパイロットに伝え、飛行機が離陸したあとも飛行状況を監視し、目的地の天候不良、機材故障の不測の事態には、安全のために目的地や飛行ルートの変更などパイロットと協議しながら対応する。

出発前に運航管理者からフライトプランなどの情報をもらったパイロットは、飛行機に乗り込むと整備士から整備状況の報告を受け、また、パイロット自身が機体を点検し、異常がないか確認する。機内でのキャビンアテンダントとの合同ブリーフィングでは、機長が緊急時の対応手順、保安に関する情報、飛行ルート上の揺れの予測や目的地の天候などの情報をキャビンアテンダントに知らせる。飛行中に予想される揺れの程度や時間によっては、機内の食事サービスをいつスタートすればよいのかなどを話し合うのである。

キャビンアテンダントは乗務する前のブリーフィングで、1人ひとりの安全上の役割や非常用装備品の使用方法を確認、飛行機が万が一の事態に陥った場合に備え、お客様の脱出方法などについて、映像を用いてイメージトレーニングを行う。飛行機に乗ってからは、非常用装備品が正しい場所に必要数そろっているか、ドア（非常口）に異常がないかを点検する。機内の保安点検が終わり、すべての準備が整ったところでお客様をお迎えする。

キャビンアテンダントの安全に対する配慮は、これで終わりではない。離着陸前には、お客様のシートベルトチェックや手荷物がきちんと収納されているか、オーバーヘッドビンが閉まっているかどうかを実際に手で触って、目で確認を行う。あなたも飛行機に乗ったときに、キャビンアテンダントがオーバーヘッドビンに手で触ってロックされているかを確認しているのを見たことがあると思う。また、飛行中は客室に異常がないか、体調の悪いお客様がいないかに注意を払い、体調の悪いお客様がいた場合、機内に常備されている医療関連キットを用いて応急手当てを行う。

エアライン・ビジネスでは、飛行機の安全性を高めるためのさまざまなシステムを導入し、そのシステムの信頼性の向上、自動化の進歩、安全装置の導入などで、飛行機の安全性は向上している。しかし、それでも事故が完全になくなったわけではないことから、常に安全性向上に向けての取り組みを行っていく必要がある。なんらかの理由で、不時着したり、空港に着陸直後に火災の発生があった場合などには、飛行機から脱出して機外に避難する必要があり、その場合は「避難時90秒ルール」がある。とにかく90秒以内に全員が機外に脱出しなくてはならないという至上命題が定められている。そのため乗務員は毎年、避難訓練を受けることが義務付けられている。

(4) 定時運行への挑戦

飛行機の安全な運行とともに定時発着は、エアライン・ビジネスにおいて大事な役割の1つである。飛行機は本来の目的、例えば観光旅行に行く場合は、到着地での観光をするという目的を達成するために利用されている。つまり、エアライン・ビジネスは「手段」としての役割を持つ。したがって定時発着は、お客様の本来の目的を達成するための重要なサービスの1つである。

日本航空では、定時運行への取り組みとして、①連携プレーを行う、②時間を貯める、③お客様の協力を仰ぐことを行っている。

①連携プレーを行うとは、離陸前、上空と地上、着陸後と、それぞれの場面で異なる担当部署の担当者との円滑なコミュニケーションを行うことをいう。例えば、飛行中、お客様からシートのリクライニングができないというクレームがあったとき、キャビンアテンダントはまずはお客様に移動していただくための空席があるかどうかを確認する。それがなかった場合、クレームの内容をパイロットに伝え、パイロットはその情報を地上の整備担当者に伝えることで、整備担当者は修理する部品を用意して待機、飛行機が到着したらすぐに修理ができるのである。②時間を貯めるとは、1人ひとりが確かな仕事を行い、協力しあうことで、各自の持ち場の所要時間を短縮し、時間を貯めて、次の担当者にバトンをつないでいく。まさにそれは、リオデジャネイロ・オリンピックの陸上男子400メートルリレーで日本の選手がまったく無駄のないバトンパスをして、銀メダルを獲得したのと同じである。100m9秒台の選手が1人もいなかったにも関わらず、第一走者の山縣亮太選手以外のすべての選手が加速した状態でバトンを受けることができた。無駄のないバトンパスで、予選の記録を

0秒07更新するアジア新記録で2位となった。それは、1人ひとりの時間を貯めた結果であった。1人ひとりが自分の仕事を確実に行い、持ち場の所要時間を短縮していくのである。③お客様の協力を仰ぐとは、その言葉通りで「お客様に協力を仰ぐ」のである。空港スタッフがお客様に保安検査を遅くとも出発15分前までに受けるように伝え、それを実行していただく。搭乗する際には、機内での混乱を避けるために後方の席のお客様から順番に案内する。キャビンアテンダントは、手荷物の収納についての情報とシートベルト着用のアナウンス、そして、安全に関する情報をビデオで伝えるなど、お客様に適切な情報提供と案内をすることで、お客様に協力を仰ぐのである。飛行機のドアが閉まったときには、キャビンアテンダントが、お客様にご協力していただいたおかげで定刻に出発できる旨の御礼のアナウンスを行っている。

このように、連携プレーで時間を貯め、お客様の協力を得ることで、安全を基盤に定時性の向上に努めている。

（5）ＬＣＣの成長

「ＬＣＣで、台北にいる友達に会いに行ってきました。」と答えたのは、30代の私の後輩である。これは、「週末はどう過ごしたの?」という私の質問に対する答えであった。値段はホテル代をいれて1泊3日で32、300円であったこと、月曜日は空港からそのまま会社に行ったことを話してくれた。私は彼女の行動力と値段の安さに驚いたのだが、そのスケジュールを聞いてさらに驚いた。往路は、土曜日の朝4時50分羽田空港発で台北桃園空港には8時着、復路は、月曜日0時10分台北桃園空港発で羽田空港着は月曜日の朝4時、空港からそのまま会社に出勤したという。早朝便や深夜便で不便はなかったかと聞くと、「空港や検査場が空いていて、スムーズでとてもよかった。安く行けた分、台北でおいしいものをたくさん食べることができたので、大満足の旅でした。」という返事が返ってきた。この話からもわかるように、LCCを使って海外旅行がより手軽に行けるようになった。

LCCは2012年に国内に就航し、2018年4月時点で現在5社、ピーチアビエーション、ジェットスター・ジャパン、バニラ・エア、春秋航空、エアアジアジャパンが運航している。私の後輩のようにLCCを利用する人々は年々増加しており、国土交通省によれば、2012年は国内線で172万人であったが、2016年には916万人、国際線では2012年の291万人が2016年に1、506万人と増加している。

政府はLCCを振興させることを航空行政上の重要施策と位置づけ、2020年には航空

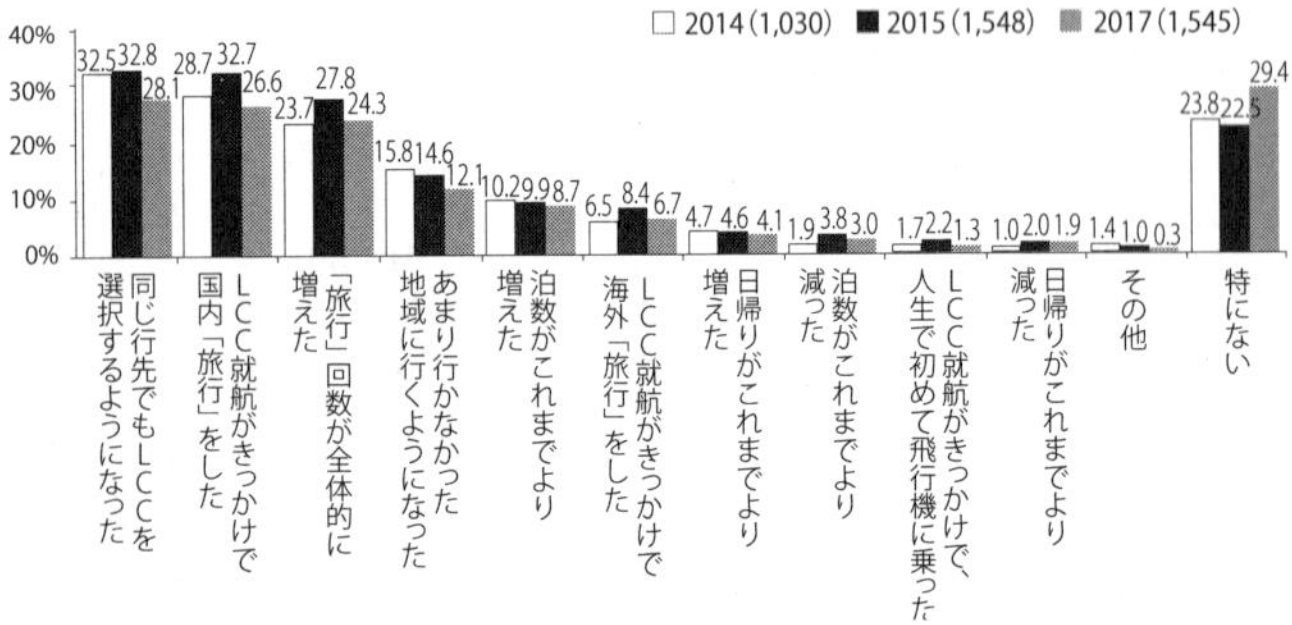

図６－３　国内線LCCの就航がもたらした「旅行」への変化
（複数回答）

出所：JTB総合研究所（2017）を一部修正。

旅客のうち国内線ＬＣＣ旅客の占める割合を14%に、国際線ＬＣＣ旅客の占める割合を17%にするという目標をたて、さまざまな施策を実施している。

　このように政府がなぜＬＣＣ振興を重要施策としているかというと、ＬＣＣを振興させることで利用客が増加し、それは①新たな交流人口を増やし、②地方経済の活性化を促進することができるからである。①新たな交流人口を増やすこととは、今まで旅行をしなかった人々がＬＣＣを利用して旅行に出かける、つまり交流人口が増えることを示している。それは「ＬＣＣ利用者の意識と行動調査２０１７」の結果からも明らかである。「国内線ＬＣＣの就航がもたらした旅行の変化は何か」という質問に対して、「ＬＣＣ就航がきっかけで国内旅行をした」「旅行回数が全体的に増えた」「あまり行かなかった地域に行くようになった」

などの回答があげられている（図6―3）。

ＬＣＣ就航は、今まで旅行をあまりしなかった人々の旅行行動を促進させ、新たな交流人口を生み出している。また、ＬＣＣの就航は旅客の増加というだけでなく、若年層や個人での利用者を増加させているという。つまり、小規模の宿泊施設や、ツアーなどで立ち寄ることのできない商店、街や飲食店などを目的に出かける人々が増えたのである。

② 地方経済の活性化の促進とは、国際線ＬＣＣを利用する訪日外国人旅行者やＬＣＣの空港への参入による経済波及効果が大きいことがあげられる。例えば、国土交通省の２０１５年の報告によれば、ＬＣＣ参入による経済波及効果は、新千歳空港の場合、北海道への経済波及効果がなんと約70億円／年と言われている。いままで旅行に行かなかった人々が新千歳空港に行き、そこからバス、レンタカー、タクシーなどを使って目的地に出かけ、商店街で食事をしたり、お土産を買ったり、ホテルに泊まったりと、人々が移動することで観光に関わるビジネスへの経済効果が生まれるのである。このようにＬＣＣを振興させることは、地方経済の活性化を促進し、それは地方創生につながっていく。

第2節　エアライン・ビジネスのこれから

（1）訪日外国人旅行者を迎えるために

①訪日外国人旅行者の満足度は？

訪日外国人旅行者数が増加しているが、彼らは日本を訪れて、どの程度、日本での滞在に満足を感じているのであろうか。

政府は、日本国内の空港で訪日外国人旅行者に「訪日外国人消費動向」として聞き取り調査を行っている。２０１６年から２０１８年の調査結果によると、「今回の訪日旅行全体の満足度」に対する回答は、「大変満足」が２０１６年50・４％から２０１８年には53・４％へ、「満足」が２０１６年42・７％であったが２０１８年40・３％という結果であった（観光庁、２０１７：２０１８）。２０１６年から徐々に満足度が増加し、訪れた外国人旅行者の９割以上の人々が満足をしていることがわかる。

しかし訪日外国人旅行者の「旅行中最も困ったこと」に関するアンケート調査（２０１７年度）によると、１位「施設などのスタッフとのコミュニケーションがとれない」が23・５％と最も多い。次に２位「無料公衆無線ＬＡＮ環境」が13・７％、３位「多言語表示の少なさ・わかりにくさ（観光案内版・地図など）」が13・2％と続いていた。これらの結果から、エアライン・ビジネスにおいてもスタッフのコミュニケーション能力向上が必要であろう。

②「察するサービス」と「聴くサービス」

さて、このように訪日外国人旅行者が増加している中で、エアライン・ビジネスにおいて彼らにどのようなサービスを行えばよいのであろうか、考えてみたい。

日本においては、お客様のニーズを察し、それを満たすサービスがホスピタリティあふれたサービスであり、お客様満足を促進させるサービスであると言われている。つまり、それはお客様の立場に立ち個々のお客様のニーズを先読みし、スタッフが考えサービスを提供する、いわば「言われる前に自分たちで考える」スタイルのサービス、「察するサービス」である。エアライン・ビジネスにおいても、キャビンアテンダントはお客様の様子を見て、必要だと思われる行動をとるよう心がけている。寒そうにしているお客様がいたときには、必要かどうか聞く前に、すぐに毛布をお持ちするなどの行動がこれにあたるであろう。日本人はこのようなサービスを受けているので、何も言わなくても提供してもらえることが当たり前と思っている傾向がある。

それではこの「察するサービス」を訪日外国人旅行者に対しても提供した場合、ホスピタリティあふれたサービスを提供していると評価されるのであろうか。後輩のキャビンアテンダントが機内で眠っている外国人のお子様に気づき、寒いのではと思い毛布をかけて差し上げたところ、そのお子様の母親から「毛布を欲しいと言っていないし、かける必要はないので。」と言われたという話を聞いたことがある。「言われる前に自分で考える」スタイルのサービスを行ったにもかかわらず、その外国人の母親にはホスピタリティ溢れたサービスとは受け取られなかったようである。

このことは、イギリス人で日本文化財の専門家であるデービッド・アトキンソン氏が指摘しているように、日本人が良いと思ってきたことを外国人旅行者が必ずしも良いと評価するとは限らないということが示されている。つまり「言われる前に自分たちで考える」スタイルの「察するサービス」は、同じ価値観を持つ日本人だから成り立っているといえよう。

米国のハワイ州、コロラド州などをはじめとするリゾートホテルにおいて、マネージャーやサービス担当者のインタビュー調査を実施した際に、顧客の話を聴き、顧客のニーズを理解することがまず必要であり、そのニーズを聴いた上でサービスを行うこと、つまり「聴く

(listen）サービス」の重要性が指摘されていた。この結果から、とりわけ「はっきりと言葉で自己表現をすることが重要である」という考えを持つ欧米人旅行者に対しては、「聴く」ことで、自身の意見を言葉で表現してもらう必要がある。これに対して、日本人の言わなくてもわかってもらえるという考えは、日本の文化の影響を受けた日本人の特徴的な考え方であることに気づく必要がある。

第5章第1節（4）でも指摘したように、異文化コミュニケーションの場合、相互理解の障壁になるものは語彙や言葉の相違だけでなく、多くの場合、それぞれの文化が人々の行動に対して付与する意味の相違によることが大きい。文化背景が異なることで相手の行動の原因がわからないことから生じており、相手の行動について誤った原因の帰属をしてしまうことから起こる。つまり、先に述べたキャビンアテンダントが言われる前に毛布を持ってくるという行動は、欧米人の旅行者にとっては、欲しいと言っていないのになぜ持ってきたのか、自分は暑いのでいらないのにとかえって煩わしいと感じるかもしれないのである。

したがって、エアライン・ビジネスを含むホスピタリティ産業に従事している者は、異文化への理解と異文化コミュニケーションの方法を学ぶことが重要であり、それらを行うことで相互理解の障壁を取り除くことができると思われる。訪日外国人旅行者に対して「聴く」

サービスを行い、何を望んでいるのかを聴いて理解し、その求めているものを提供することがホスピタリティあふれたサービスを提供することにつながるのである。

スタッフの語学力向上に加えて、スタッフに異文化理解と異文化コミュニケーションの方法を学ぶ機会を提供することがホスピタリティ産業における急務の課題であり、エアライン・ビジネスに従事する者にとっても同様のことがいえよう。

（2）地球や人にやさしいこと

①地球環境を考える

ある日、新聞記事を読んでいると、「モルディブ移住を受け入れる人工島　面積2倍へ拡張進む」という記事が出ていた。世界的なリゾート地で知られるモルディブで人工島「コマーレ」の拡張工事が進んでいて、最大24万人が住めるようにする計画であるという。これは地球温暖化の影響で海面が上昇し、国土消滅の危機があることから、モルディブ政府が国民を人工島に移住させるプロジェクトを行っているのである。このように地球温暖化による影響は、世界各地のいたるところで出始めている。

地球温暖化を防ぐために、1992年に地球サミット「環境と開発に関する国連会議」が開催された。そこでは、持続可能な社会を実現するための行動原則として「環境と開発に関するリオ宣言」が出され、具体的な行動計画として「アジェンダ21」が採択されている。

これらの国際会議での取り決めに沿って、日本でも地球温暖化のための対策が行われており、エアライン・ビジネスでは、政府のバイオジェット燃料の普及促進に向けたアクション・プランに沿って、各企業が対策を実施している。

例えば、あなたは、機内で「窓の日よけをおろしていただけますか」とアナウンスをされたことはないだろうか。これも環境への取り組みの1つであるのをご存じだろうか。

飛行機が地上に着陸した際に、お客様には窓の日よけをおろした状態で降りてもらうことで、機内の温度の上昇を抑えることができるのである。駐機中の飛行機は、機体最後部に装備された補助動力装置、あるいは地上設備のエアコンを使って適切な空調を行い、機内を快適な温度に保っている。しかし補助動力装置は航空燃料を利用していることから、稼働するとCO$_2$を排出することになる。窓の日よけをおろすことで、機内をより長く適切な温度に保ち、エアコンの利用時間を短くすることができ、余分なCO$_2$の排出を抑制できるのである。

そのほかにも航空会社ではさまざまな取り組みを行っている。例えば、日本航空が行っている環境への取り組みの中でも、整備作業の段階から着陸後の取り組みについて、ここではみてみよう。まず、整備作業の段階では、水のリサイクルに取り組んでいる。飛行機の整備作業では機体や修理部品の洗浄などで大量の水を使用するが、その際に汚れた水を自社の処理施設に集めて有害物質を取り除き処理し、可能なものは適切な作業でリサイクルし、水資源を有効に使う努力をしている。またエンジンを定期的に洗浄することで、飛行中に付着した汚れを取り除き、汚れたために低下していたエンジン性能を回復させ、それはおよそ1％の燃費回復につながっている。

以上のようにエアライン・ビジネスでは、環境への配慮のためのさまざまな取り組みが行われているが、それだけではもちろん充分ではない。環境への配慮は、私たち1人ひとりが、できることから行っていく必要がある。環境問題は、1つの国で考え実行するだけでは解決しない。世界全体で考えることである。しかし、行動は1人ひとりがおこす、つまり環境問題には国境も県境もない。「地球規模で考え、足元から行動せよ（Think Globally, Act Locally）」ということなのである。

②ユニバーサルデザインは、誰にもやさしいこと

ハワイにサバティカルで住んでいた時は、移動は公共バス、ハワイの有名なtheBusを

使っていた。その時によく遭遇したのが、車椅子を利用した高齢者がバスに乗る姿だった。車椅子の乗客を乗せるために、運転手はおもむろにバスを停めてから、車内前方にある座席をたたんで車椅子が乗れるようにスペースを作り、スロープあるいはリフトを出して、車椅子の乗客を乗せていた。このことは日常的によくある光景なのであろう。他の乗客も、静かにその乗客が乗るのを待っていた。

帰国してから、気になって、日本にはスロープやリフト付きのバスがどの程度普及しているのだろうかと思って調べてみた。交通政策白書2018によると、国で定めた基準[1]を満たし、かつ床面の地上面からの高さを概ね30cm以下にしているノンステップバスの車両数は24,241両、基準を満たしているその適合率は53・3%であることを明らかにしている。5年で14・9ポイント上昇したとはいうものの、まだまだ改善が必要である。

障がい者の権利および尊厳に関する国際的な議論の高まりから、2006年、国連総会において障がい者の権利に関する条約が採択され、日本も2014年に同条約を締結した。誰もが生き生きとした人生を送ることができる共生社会の実現が求められている。共生社会を目指す中で、高齢者、障がい者、乳幼児連れ、外国人などが社会生活を送るうえでの物理的なバリア（障壁）や社会的、制度的および心理的なバリアを除去することであるバリアフリーという考え方とともに、「どこでも、だれでも、自由に、使いやすく」というユニバーサルデザインの考え方が必要不可欠となっている。

エアライン・ビジネスにおいても、バリアフリー化やユニバーサルデザイン化を進めている。その進捗状況は、２０１６年末の調査では97・1％と他の移動手段の中で最も高い数値となっている。空港では、子供連れや車椅子利用者など介助が必要な人が利用できるスペシャルセンターやカウンターが設けられている。このカウンターは、高齢者や妊娠している方、お子様連れの人などが利用する。ＪＡＬグループでは、１９９４年に「プライオリティ・ゲストセンター」を開設し、ＡＮＡにおいても、２０１６年に東京国際空港に「スペシャルアシスタンスカウンター」を開設し、体の不自由なお客様や病気やけがをされているお客様に対して特別なサポートを行っている。

機内では、お客様がどう対応して欲しいのかを会話の中からくみ取る、あるいは身振りや表情からくみ取るようにすることが重要である。また、お客様によっては、手伝いをしてもらうことに後ろめたさを持っているお客様もいる。お客様が余分な気を遣うことなく、気楽にものを頼める雰囲気を作ることも必要であろう。

（3）「手段」としてだけでなく、「目的」として

エアライン・ビジネスは、お客様の目的を達成させるために、飛行機を安全かつ定時に目的地に到着させることが役割であり使命でもある。このような役割と使命はエアライン・ビジネスが行うべき重要な事柄であることは言うまでもないが、それだけではなく、乗ること自体が「目的」となったら、飛行機での旅はとても楽しいものになるのではないだろうか。

エアライン・ビジネスで、移動「手段」としての役割に加えて、乗ること自体を「目的」として成功している航空会社がある。それは、「天草エアライン」である。

「天草エアライン」は、熊本県天草市に本社をおき、現在、社員数54名、保有する機体1機という日本一小さな航空会社である。1998年に設立され、初就航は2000年3月、天草～福岡、および天草～熊本の2路線でスタートした。就航して3年目までは利用率65～72％、利用者も8万人台に達するなど好調であったが、年々利用客が減少し、累積赤字を出すようになってしまっていた。その理由の1つは、機体が1機しかないことから、故障や定期整備の際には運休せざるを得ないため、欠航が多くなっていたのである。また、高騰する燃料費や整備にかかる費用などをねん出することが難しくなり、債務超過寸前の状況になっていった。そこで熊本県および天草市、上天草市、苓北町は、「天草エアライン」の整備費

の補助をすることを決めた。

そのような状況のときに社長として就任した奥島透氏は、「天草エアライン」を移動手段としてのエアラインではなく、移動そのものを楽しんでもらう観光目的の「観光エアライン」に変えたのである。「天草エアライン」が使用していた飛行機は、定員39名という小さい飛行機であった。移動を目的とする飛行機であれば小さいことがデメリットとなるが、観光を目的とした場合、小さいことはメリットとなると発想の転換を行ったのである。プロペラ機なので高度も高くないため、窓側のどの座席からも眼下の景色を楽しむことができる。つまり観光エアラインとしては、良い条件を持っていることになる。

現在、仏ATR社のATR42―600型機（48人乗り）1機を保有し、1日10便を運航している。現在の社長吉村孝司氏をはじめとして、全社員が協力して運航にあたっている。天草発着時の機内清掃、受託手荷物の搭降載、保安検査（天草空港のみ）、社員による機体外部の洗浄、さらには手作り看板によるお見送りなど、全員が協力して仕事をすることで、定時性の向上に努めているのだ。観光エアラインとして乗ることを「目的」としてもらうために、「天草エアラインらしいサービス」を実行している。まず、なによりも飛行機そのものをイルカの親子に見立てて機体を塗装した「みぞか号」が非常に可愛い。子供たちをはじめとして多くの乗客の人気を博している。キャビンアテンダントの太田昌子氏（写真6—1）によると、機内誌はすべて手作りで、フライト航路を説明する地図も、白地図を写して色えんぴつで色を塗って自分たちで作成したとのことである（写真6—2）。心温まる手作り感たっぷりのフライトマガジンを見ながら、天草から福岡へ向かっている途中、窓の外を眺めると地図に示してある長洲港や大牟田市、そして背振ダムをまぢかに見ることができる。

写真６－１　みぞか号と客室部長
太田昌子氏

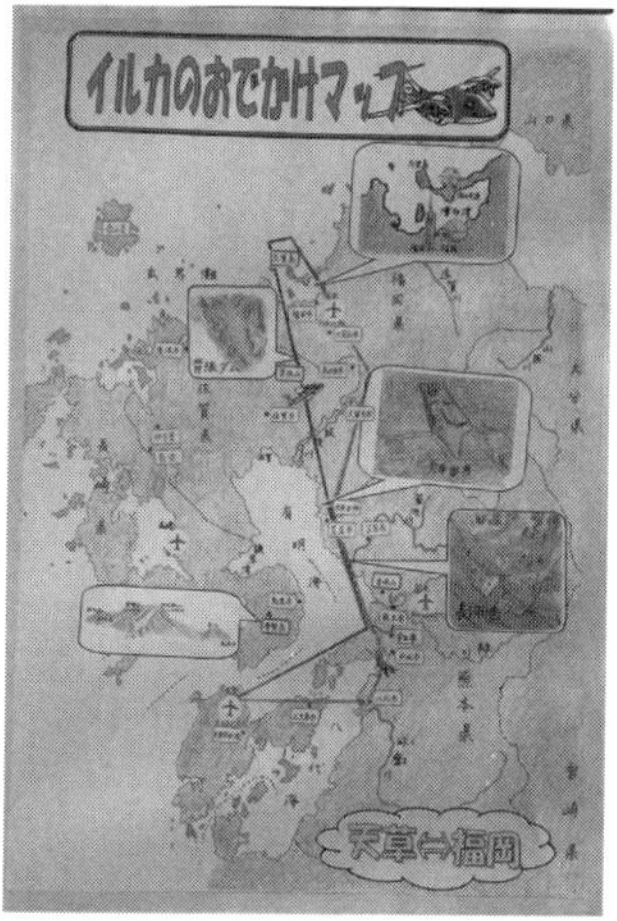

写真６－２　機内誌フライト航路

キャビンアテンダントの笑顔満開のフレンドリーなサービスは、お客様との会話を促進する。以上のように、「天草エアラインらしいサービス」のさまざまな要素が、お客様同士やキャビンアテンダントとの会話のきっかけを作る機能を果たし、お客様にとって空の旅が記憶に残る経験となるのであろう。

このような天草エアラインの企業戦略には、新たなサービスのヒントが隠されている。つまり、これからのエアライン・ビジネスにおいて、乗ることが「目的」となるようなサービスを今まで以上に創り出していくことが必要なのではないだろうか。第2章第3節でも触れたように、「ひなまつりフライト」などをはじめとするスペシャルフライトや特別塗装機を就航させることに加えて、乗ることが目的となるような機内サービスの考案が今後さらに求められるであろう。

註

(1) 政府はバリアフリーのバス車両について、視覚情報および聴覚情報を提供する設備を備えること、車椅子スペースを設置すること、低床バスとすること、筆談用具を設け筆談用具があることを表示することなどの基準を求めている。

引用文献

アトキンソン、デービッド『新観光立国論』東洋経済新報社、２０１５年。

ＪＴＢ総合研究所「ＬＣＣ利用者の意識と行動調査２０１７」、２０１７年。

観光省「訪日外国人の消費動向　２０１７年年次報告書」、２０１７年。

観光省「訪日外国人の消費動向　２０１８年年次報告書」、２０１８年。

国土交通省「ＬＣＣ参入による地域への経済波及効果に関する調査研究」、２０１５年。

国土交通省「平成29年度版交通政策白書」、２０１７年。

国土交通省「２０１８年度版国土交通白書」、２０１８年(a)。

国土交通省「平成30年度版交通政策白書」、２０１８年(b)。

日本航空協会「航空統計要覧２０１８年版」、２０１８年。

奥島　透『日本一小さな航空会社の大きな奇跡の物語』ダイヤモンド社、２０１６年。

矢代京子・荒木晶子・樋口容則子・山本志都・コミサロフ喜美『異文化コミュニケーション　ワークブック』三修社、２００７年。

参考文献

エアライン研究会『飛行機に乗るのがおもしろくなる本』扶養社文庫、２００８年。
堀　和秀・神澤　隆『翔び立て！　ニッポンの観光・航空』右文書院、２０１４年。
紀　薫子『接客・接遇のためのユニバーサルサービス　基本テキスト』日本能率協会マネジメントセンター、２０１４年。

日本航空株式会社　財務部・コーポレートブランド推進部「ＪＡＬ ＲＥＰＯＲＴ ２０１７」、２０１７年。

鳥海高太朗『天草エアラインの奇跡』集英社、２０１６年。

山口一美『感動経験を創る！ ホスピタリティ・マネジメント』創成社、２０１５年。

参考ＵＲＬ

ＮＨＫ ＮＥＷＳ ＷＥＢ「世界を驚かせたバトンパス」
http://www3.nhk.or.jp/news/special/rio/report0821.html ２０１６年8月30日閲覧

第7章　エアライン・ビジネスで仕事をしたいあなたへ

第1節　夢はかなえるものである

広辞苑によると、夢とは、①睡眠中にもつ非現実的な錯覚もしくは幻覚、②はかない、頼みがたいもののたとえ、③空想的な願望、心の迷い、④将来実現したい願い、理想、であると記載されている。これらの意味からも、「いたずらに夢を追っていないで！　夢は夢でしかないのだから。」と言われるなど、夢は非現実的なものとしてとらえられることも多い。しかし、夢は、④将来実現したい願い、理想という意味があるように、将来の実現したい目標としてとらえることもできる。このような目標があれば、どちらの方向に向かって走っていけばいいのかがわかる。まずは向かうべき夢を持ち、それに向けて努力することで人生は輝きを増す。

世の中には実際に、将来実現したい夢を持ち、それを夢で終わらせなかった人が数多くいる。例えば、現在は一線を退いているが、女子サッカー選手だった澤穂希氏は世界一になることを夢見て、地道な努力を重ね、優勝することができた。その時、彼女はインタビューで、「夢は見るものではなく、実現させるもの」と答えている。このように夢を夢で終わらせなかった人たちはどのような行動をして、夢を現実のものとしていったのだろうか。自分の夢を常に公言し続けて、実際に夢を実現した卒業生の1人を例にあげて考えてみたい。

鹿岡優太くんは、私の専門ゼミナール9期生である。彼は、大学に入学して新入生対象のガイダンスが終わった後、私の研究室を訪ねてきた。「自分は将来パイロットになりたい、だから先生のゼミに入りたい。エアライン・ビジネスにいた先生のもとで勉強したい」と言ってきた。私のゼミに入ることでパイロットになれるわけではないが、ホスピタリティを学ぶことを通して有形無形の知識を得たいと考えてくれたのであろう。それ以後、機会があるごとに研究室を訪ねてきてくれて、航空業界についての本を探しては読んでいた。私は、友人のご主人がパイロットだったので、その人を鹿岡君に紹介してあげたり、新しい情報があればすぐ伝えてあげていた。「将来の夢は?」という話になると、彼は「パイロットになることだ。」と公言をしていた。

彼がなぜパイロットになりたいと思ったのか、その原点は、小学生のときに祖父母に連れて行ってもらったヨーロッパの旅行だと言っていた。初めての海外旅行で飛行機に乗ったとき、その巨大な飛行機を操縦しているパイロットはなんてかっこいいのだろうと思ったのだそうだ。初めて飛行機に乗って海外旅行に行く、まさに「本物の体験」であり、彼にとっては鮮烈に脳の記憶に残る感動体験をしたのである。

私のゼミ「国際観光とホスピタリティ・マネジメント」では、エアライン・ビジネスだけでなく、旅行ビジネス、ホテルビジネスなどをはじめとして、ホスピタリティが必要とされるビジネスに興味を持っている学生が多く集まっている。ゼミでは、さまざまな企業や地域にフィールドワークに出かけ、そこでのホスピタリティ溢れるサービスの提供の仕方やマネジメントについて、実際に見て、触れて、学ぶことを活動として行っている。

私が彼にアドバイスしたことは、視野を広げるためにエアライン・ビジネスだけではなく他のビジネスに目を向けること、そしてさまざまなことに挑戦することということであった。彼はそのアドバイスに従って、ゼミ活動に熱心に取り組み、ゼミでは疑問に思ったことをすぐに質問する学生であった。また、彼は人の話を良く聴くことができて理解度が高く、一度言ったことは忘れない記憶力の良い学生であった。

4年生になって自社養成のパイロット試験を受けたが、残念ながら力及ばず不合格となった。一時はかなり落ち込んでいたが、その後も就職活動を続け、最終的に大手の旅行会社から内定をもらった。ただし、その旅行会社に内定はもらったものの「やはり自分は、パイロットになることはあきらめきれないので、卒業後も継続してパイロットをめざして試験を受ける」ことを誓っていた。

卒業後、旅行会社では添乗業務をしたり、旅行プランに合わせて添乗員の派遣をしたりと、一生懸命仕事に取り組んでいた。入社して2年たったときに、同期のゼミ生から「パイロット採用の募集がかかっているよ。」との連絡をもらった。彼が第一志望としている航空会社、日本航空は経営破たんをしたことによってパイロットの募集を一時ストップしていたが、それが再開されたのであった。

自分の夢を人に公言すること、自分の気持ちを言葉に出して伝えることの重要性がここにある。自分に夢があったとしても、それを口に出して言うことは難しい。周りからみてその夢が実現するのがかなり難しいことであれば、なおさら、人に言うのは勇気がいる。何を夢みたいなことを言っているのかと馬鹿にされるかもしれないからである。鹿岡君も、みんなに自分の夢について語るのは勇気がいったと言っていた。しかし、彼は、自分の夢を言葉に出すことで自分の気持ちを確認できたし、公言していたことで周りにいる人が、パイロットに関する情報をくれたのだとも言っていた。

自社養成のパイロット試験に合格したときに、大学の研究室に報告に来てくれた。その際に、社会人となって旅行会社に勤務し、学生時代には経験できなかったことを多く経験したことで、面接では面接者の質問の意図を理解し、落ち着いて自分のことを自分の言葉で話すことができた。2年間ではあったが、企業に勤めたことが自分にとって非常に勉強になった。結果的にこのような機会を与えてくれた会社に感謝している。この経験があったことで、今の自分があると、しみじみ語っていたことが印象的であった。

鹿岡君は自分の夢を言葉に出して、そのために努力をしてきたことで、夢を実現することができた。なぜ、実現できたのだろうか。その理由を考えるにあたって、キャリア論の中でもクランボルツの理論にそのヒントが隠されている。

スタンフォード大学のクランボルツ（Krumboltz）教授らは、キャリア論として計画的偶発性理論（Planned Happenstance Theory）を提唱している。この理論について説明すると、キャリアの80％は予期しない偶然の出来事によって形成される。しかし偶然の出来事によってキャリアが形成されていくにしても、自分にとって望ましい偶然の出来事がより起こるように、日ごろから能動的な行動パターンをとっている人にはより好ましい偶然が起こる。そうでない人にはあまり起きない。つまり偶発的に見えても、結果的には計画的に起きたように必然化できるというのである。

つまり、人生には予期せぬ出来事が起こるが、それは単なる偶然で起こった出来事ではなく、必然的に起こったものであるということだ。この理論に従えば、鹿岡君がパイロットに合格したのは、ラッキーだったから、単に偶然に起こったのではないということなのである。彼は自分の夢をなしとげたいという強い思いがあり、決してあきらめないで努力していた。つまり、パイロットになるという夢を実現させるために必要だと思う行動、例えば、自分の夢を公言する、語学の勉強を続ける、与えられた仕事に真摯に取り組むなどさまざまな行動を能動的にとっていた。そのため、パイロットの既卒試験募集が始まったときに、ゼミ生から連絡をもらうことができた。仕事に一生懸命取り組んでいたり、勉強を続けていたことから、筆記試験や面接でも自分の実力を発揮することができたのである。

自分の夢を人に語っていなかったとすれば、パイロットの募集があることを教えてもらえずチャンスを逃していただろう。また仕事をしていなければ社会人として成長はしていなかっただろうし、勉強を続けていなければ筆記試験や面接試験をパスすることはできなかったであろう。日ごろから能動的な行動をとっていたからこそ、鹿岡くんにとって好ましい偶然が起こり、それは必然的に起こったといえるのである。この理論は、夢を持ちそれに向かって努力するための日ごろの行動の重要性を教えてくれる。

夢を持ち続けて実現した人には、共通してみられる特徴がある。それは、その夢を実現させたいという強い思いがあり、あきらめない、前向きで積極的思考であること、そして夢を実現するために必要な努力を続けていることをあげることができる。また夢を持ち、その夢を熱心に語り、あきらめずに前向きに努力する姿は、共感を呼び、支援したいという気持ちを引き出すといえよう。

第2節　夢を実現させるためのステップ

ここで、夢を実現するためのステップを整理してみよう。夢を実現するためのステップとして、私は3つのステップをあげたいと思う（図7―1）。

第一のステップは、自分の夢は何かを考えること、第二のステップは、自己分析をすること、第三のステップは、行動を起こすことである。次に、それぞれのステップについて考えてみたい。本来ならば鹿岡君の例を述べたいところだが、本人に確認していないので、私自身を例にあげて考えてみる。

第一のステップは、自分の夢は何かを考えることである。あなたの夢は何か。考える際に、次の3つの方面から考えてみると、自分の夢は何かを明確にすることができる。

①自分はどういう人間になりたいのか

これはどういう価値観を持っているのか、大事にしたい価値観は何かということでもある。例えば、明るくてやさしい人間でありたい、人の喜びが自分の喜びとなる人間になりたいなどが、これにあたる。

②社会にどのような影響を与えたいのか

社会の中でどのような役割を果たし、人々にどのような影響を与えたいのかを明らかにすることである。例えば、発展途上国の人々の助けになりたい、グローバルなレベルで人々が安心して住める社会になるよう貢献したい、人を笑顔にしたい、世界平和に貢献したいなどが、これにあたる。

③手に入れたいものは何か

自分が人生において手に入れたいものを明らかにすることである。例えば、社会的地位か、仲間や友人なのか、あるいは経済的豊かさ、名声、余暇の多さ、ストレスの少ない生

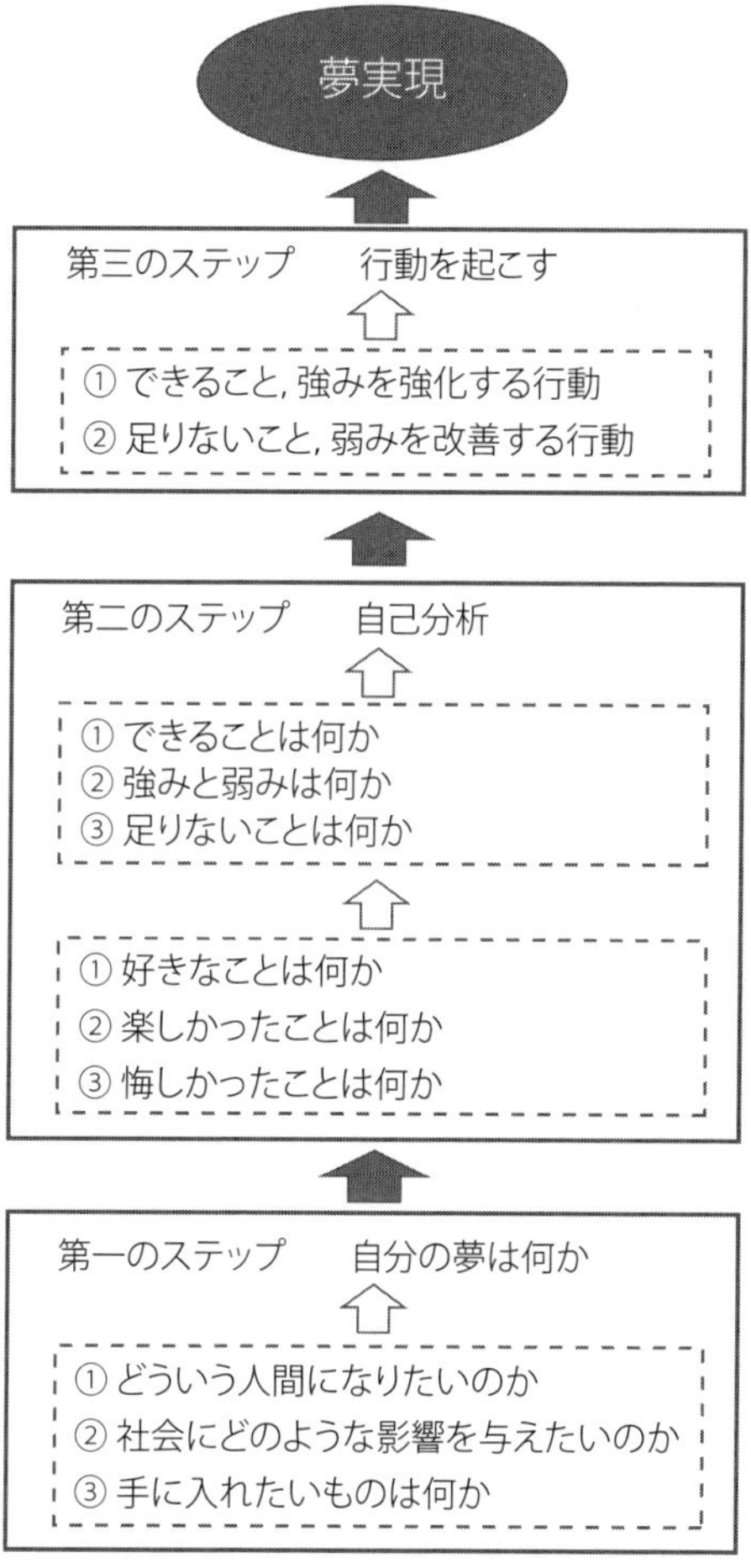
夢実現
第三のステップ　行動を起こす
① できること，強みを強化する行動
② 足りないこと，弱みを改善する行動
第二のステップ　自己分析
① できることは何か
② 強みと弱みは何か
③ 足りないことは何か
① 好きなことは何か
② 楽しかったことは何か
③ 悔しかったことは何か
第一のステップ　自分の夢は何か
① どういう人間になりたいのか
② 社会にどのような影響を与えたいのか
③ 手に入れたいものは何か

図７－１　夢を実現させるためのステップ

活なのかなど、これらが手に入れたいものにあたるであろう。

私の場合で考えてみると、

①自分はどういう人間になりたいのか

人との関わりを通して、人のために何かをしてあげることのできる人間になりたい。

②社会にどのような影響を与えたいのか

人を笑顔にしたい、人に癒しや安心感を与えたい。

③手に入れたいものは何か

多くの人との出会い、海外の人々との交流、単調ではない活動的な毎日、ある程度の経済的な豊かさ。

と考えたため、職業としてスチュワーデスになりたいと考えたのであった。

夢を実現するための第二のステップは、自己分析をすることである。自分はどのような人間であるか、自分はどの程度それに満足しているのかなどを明らかにすることである。自分はどんな人間であるかを考える際に、①好きなことは何か、②楽しかったことは何か、③悔しかったことは何かなどを書き出してみると「私はこんな人間である」というヒントになる。つまり、過去の自分を振り返り、その時々でどのように感じたのかを振り返るのである。過去の経験から今の自分が見えてくる。

①好きなことは何か

読書が好きで、土曜日は読書の日と決めていて、図書館で一度に借りられる限度いっぱいの本を借りてきては読んでいた。また、多摩川の土手に座って、空を眺めることが好きで、雲と雲の間を飛ぶのは気持ちがいいだろうなと思っていた。海外に憧れていて、自宅で英語の授業の予習のために、テープを聞いては発音に注意しながら大きな声で音読をするのが好きであった。

②楽しかったことは何か

三人兄弟の長女だった私は、小学校6年生の時に、初めて1人で弟2人を近くの遊園地に連れて行った。そのとき、とても楽しく、また弟たちが喜んでいる姿を見てうれしかった。小学生のときに放送部に入り、お昼休みに校内放送を担当して学校のニュースをアナウンスするのが楽しかった。

③悔しかったことは何か

中学2年のときに、校内弁論大会に出場するためのクラス代表に選ばれた。人前で話すのは苦手なので、いやでたまらなかったが、観念して原稿を作成し内容を暗記して出場した。しかし、結果は2位で優勝できなかった。そのとき、自分の力が足りなかったこと、また努力が認められなかったことが悔しかった。

次に自分の得意なこと、弱み、足りないことは何かを明確にすることである。①自分のできること、②強みと弱み、③足りないことをそれぞれ具体的に書き出してみる。その際に、客観的に自分を分析することが重要である。

①自分のできることは何か

初対面の人とでも自分から笑顔で挨拶ができる、いつも笑顔でいれる

②強みと弱みは何か

強み　すぐに友達がつくれる、地道な努力ができる、真面目、健康

弱み　人前で発表するのが苦手、ダンスの振りがおぼえられない

③足りないことは何か

英会話力、身長（スチュワーデスは身長158cm以上と言われていた）

第三のステップは、行動を起こすことである。第二のステップで明らかになった自分のできること、強みに対して、それらをさらに伸ばしていくためにすべき行動を記載する。弱みや足りないことについては、どのようにすればその弱みや足りないことを改善することができるのか、そのために自分がやるべき行動を列記する。そして、それを実際に行動に移していくのである。

〈弱みを改善する行動〉

クラス委員に自分から立候補する、授業中に1回は手をあげて質問をする、国語や英語で音読をするときは、率先して自分から行う　など

〈足りないことを改善する行動〉

英会話力をのばすためにラジオで英会話の講座を聞く、毎朝30分、英単語の勉強をする、身長がスチュワーデスになるための基準158㎝（私は、157・7㎝であった）に満たないので、その身長を伸ばすために牛乳を飲みストレッチをする　など

最後にもう1つ大事なことは、夢は1つではないということ。変わらず持ち続けるものであるが、夢は変わるときもある。また、自分の成長とともに夢も成長していく。私もスチュ

ワーデスになるという夢をかなえることができたが、スチュワーデスという仕事をすることによって、新たな夢、つまり教員になるという夢ができ、夢が成長していった。

自己実現とは、人が自分の可能性を発揮して生きていくことであると言われている。自己実現していくことは難しいが、そのための努力はしていきたいものである。

第3節　キャビンアテンダントの適性とは

エアライン・ビジネスにおいてお客様の感動を生み出すために、安全で快適な飛行機であることに加えて、お客様と直接触れ合う機会の多いグランドスタッフやキャビンアテンダントの役割は重要である。それでは、どのような適性を持つ人がお客様に感動を与えることができるのだろうか。ここでは、主にキャビンアテンダントを事例として取り上げて考えてみるが、グランドスタッフにおいても同等の適性が必要であろう。

(1) 明るい笑顔と挨拶ができる

機内で、「おはようございます」と明るい笑顔で挨拶を受けたら、あなたはどんな気持ちになるだろうか。なんとなくほっとして、良さそうなキャビンアテンダントで良かったと思うのではないだろうか。これからスタートする飛行機の旅は、心地良いものになるのではないかと期待が高まる。それはなぜか。それは、笑顔と挨拶がそれぞれ素晴らしい効果を持っているからである。笑顔の重要性や効果については、第3章で述べたので、ここでは主に挨拶について話をしたい。

出会いの挨拶は、知らない者同士の間にある気まずさや不安を取り除く効果があると言われている。また、挨拶は自分から先にすることが重要である。お客様はキャビンアテンダントの方から先に挨拶をするのが当然であると考えていることから、挨拶をしないと失礼な人という印象を与えてしまうことになる。

この明るい笑顔で挨拶をいつでもどこでもすることは、簡単なようで実は難しい。体調があまりすぐれないときや忙しいときには、明るい笑顔の挨拶は、よほど意識していないとできないからだ。

では、どうすれば意識せずに、いつでも明るく笑顔で挨拶をすることができるようになるのだろうか。それは笑顔で挨拶をすることを習慣にしてしまえばいいのだ。仕事のときだけ明るい笑顔で挨拶をするのではなく、日常生活でも表すこと。つまり、明るい笑顔での挨拶が習慣になってしまったら、人と出会ったときに、反射的に自分から明るい笑顔の挨拶ができるようになる。

また明るい笑顔の挨拶がお客様に与えた最初の印象は、その後のそのお客様との人間関係に影響を及ぼす。つまり、明るい笑顔で挨拶をされたお客様（A）は、そのキャビンアテンダント（B）に「明るい人」という印象を持つ。そのような印象を持ったお客様（A）は、彼女（B）が飲み物のサービスをしにきてくれたときに、「あっ、さっきのキャビンアテンダントさんだ。明るい人なので私も明るく話そう」と考え、明るく注文をする。注文を受けたキャビンアテンダント（B）は、「明るくて感じの良いお客様だな」と解釈し、「こちらも明るい笑顔で飲み物をお渡ししよう」と考え、明るい笑顔で飲み物を手渡す。そのように飲み物を渡されたお客様（A）は「ほら私が思った通り、このキャビンアテンダントは明るい人だ。私の予想はあたっていた」と考える。このメカニズムは自分で立てた予測を実現しているので、「予測の自己実現メカニズム」という（図7―2）。

以上のことからも、明るい笑顔で挨拶をすることで、お客様から「明るい人で、良さそうな人」という印象を持たれ、円滑な相互作用のスタートを切ることができる。だから、明るい笑顔で挨拶ができることは、キャビンアテンダントの絶対条件の1つである。

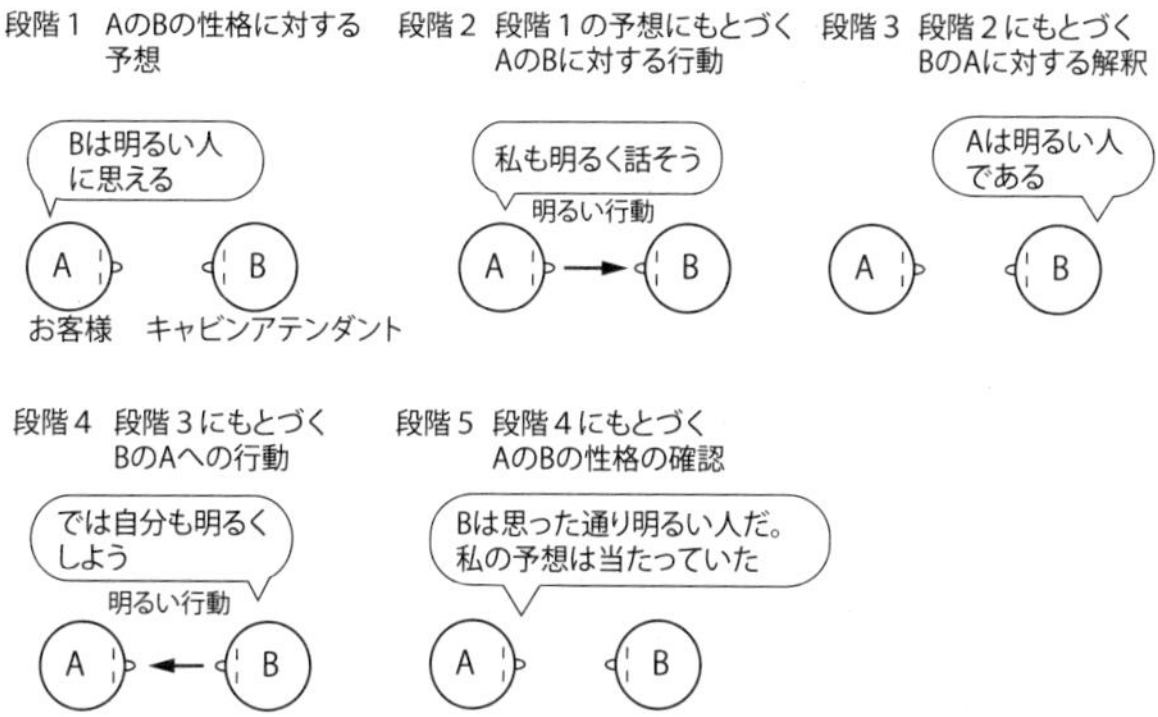

図7－2　予測の自己実現メカニズム

出所：齊藤（2002）p.26を一部修正して作成。

（2）人の喜びが自分の喜び

あなたは、家族や友人の誕生日のお祝いをサプライズで計画するのが好きですか？　家族や友人が喜んでいる姿を見て、自分もうれしくなるほうですか？

いずれの質問にもイエスと答えた人は、キャビンアテンダントの適性がある。つまり、人のために何かをしてあげることが苦でなく、好きであること、人が喜んでいる姿を見て、それが自分にとって喜びになっている人は、キャビンアテンダントにぴったりの人材である。これは対人サービスの仕事に就く人、すべての人にとって必要なことだといっても過言ではない。

私が乗務して間もないころ、食事のサービスが終わり、お客様がお休みになれるように機内を暗くしてしばらくたった頃、ある先輩のキャビンアテンダントが、お客様の様子を見るために機内を回っている姿をみたことがあった。彼女は、毛布が肩からずり落ちているお客様に毛布をきちんと掛け直してあげたり、読書灯をつけたままお休みになっているお客様の読書灯を消してあげたり、咳をしているお客様に声をかけていた。私はというと、サービスが終わってホッとしてジャンプシートに座って休んでいた。私は、その先輩の行動を見て、自分はまだまだ努力が足りないと思ったのを覚えている。

その後、咳をしていたお客様に飲み物を渡して戻ってきた先輩に、私は「どうやったら、そんな風に気配りができるようになるのですか。」と聞いた。彼女の答えは、「狭い機内の中で過ごされているお客様に少しでも快適に過ごしていただくにはどうしたらいいか、いつも考えるようにしたらいいわよ。そうすることが私にとっては挑戦だし、それが楽しいのよね。」だった。ちょうどそのとき、先ほどの咳をしていたお客様が化粧室に行く途中で彼女のところに立ち寄り、「さきほどは、ありがとう。」と笑顔でお礼を言いに来た。その言葉に笑顔で応える彼女にとっては、人の喜びが彼女の喜びであり、それが彼女の仕事へのモチベーションになっているのだ。目が覚めたときに、毛布をかけてもらったお客様や読書灯が消されているのに気付いたお客様は、きっと彼女の気配りに心まで温かい気持ちになったに違いない。このように人の喜びが自分の喜びである人は、キャビンアテンダントとしての適性があるといえよう。

(3) 感知力がある

会社がマニュアルで決めたサービスからは感動は生まれない。なぜかというと、そのサービスは提供されて当然であると思われているサービスだからである。したがって感動を生み出すためには、1人ひとりのお客様が本当は何を望んでいるのかを「感知」することが重要となる。

この感知する力、感知力とはなんだろうか。アルゴリズムの研究者である浪平博人氏によれば、感知力とは形の定まらない状況において、本質的に大切なことは何かをかぎ分ける能力、あるいは未経験の環境下で起こってくる不具合に対して何が本質的な問題であるのかを見抜き、指摘する能力であるという。したがって、高い感知力を持っているキャビンアテンダントは、お客様が本質的に望んでいることを敏感に察知し、適切な対応をすることで、結果的にお客様に感動経験を提供することができると思われる。

このような感知力はどのように育成することができるのだろうか？　感知力を育成するには、①視点を変えて物事をみる、②柔軟なものの見方をする、③異業種との出会いの場を持つことが必要であろう。①視点を変えて物事をみるとは、いつも同じ視点で物事をみるのではなく、異なった視点でみるように心がけることをさす。つまり、私たちは同じ事柄でも、みる人の都合や状況で異なってみえたり、感じる。例えば、レストランに入り食事をするときに、ある人は次の打ち合わせまで時間がないので、とにかく早く食事を済ませたいとレストランのスタッフのサービスに注意を払うことなく、時計を見ながら食事をするかもしれないし、ホテルに勤務している人は、レストランのスタッフのサービスの提供の仕方に注意を払うかもしれない。同じレストランにいても1人ひとりの都合で感じることが異なり、また関心のあることのみが見える。つまり、自分が感じたり、見えていることは自分の視点であり、他の人とは異なる視点である。このことを理解した上で、視点を変えてみる。そうすると今まで見えなかったものが見えるようになる。②柔軟なものの見方をするとは、新たな見方や考え方を素直に取り入れるようにすることをさしている。美しいものをみて感動したり、それを言葉に出して素直に喜べる人は心の自由度が高いことから、柔軟なものの見方ができる人であろう。つまり、それは「感動を脳に刻む」体験を多くすることで、培われることでもあるといえよう。③異業種との出会いの場を持つこととは、視点の異なる人との出会いの場を持つことを意味している。同業種の人との出会いの場では、同じ視点でものごとを捉えてしまいがちになり、新たな視点で物事を捉えることが難しい。これに対して異業種との出会いの場では、問題の捉え方や考え方が異なっていることが多く、出会いの中で互いに誘発されて新たなアイディアが生まれることも多い。

感知力の高いキャビンアテンダントは、サービスの現場だけでなく、上司や同僚さらには日常生活においても、円滑な人間関係を築くことができるであろう。それは相手の望んでいることや嫌がっていることを察知することができるからである。

（4）コミュニケーション能力が高い

お客様とのやり取りから、お客様の要望を聴きとるには高度なコミュニケーション能力が必要である。

例えば、お客様に「ホットミルクティをください。」と言われたら、キャビンアテンダントAは、「はい、かしこまりました。お砂糖をお使いになりますか。」と尋ねて、お砂糖とホットミルクティをお持ちする。また、キャビンアテンダントBは、「はい、かしこまりました。お砂糖をお使いになりますか。」と聞くとともに、お客様の元気のない声や表情から気分が悪そうなことに気づき、「冷たいおしぼりもお持ちしましょうか。」と尋ねる。

どちらのキャビンアテンダントの方が、コミュニケーション能力が高いだろうか。答えは、Bである。Bはお客様の真の要望、「気分が悪いのを直したい」という要望に気づき応えようとしたからである。言葉からの情報だけでなく、表情や顔色、声のトーンなど言葉以外の情報からお客様の要望を正確に知ることができたのである。

ここで、そもそもコミュニケーションとは何かについて考えてみよう。コミュニケーションとは、その語源はラテン語で「communis」という言葉であり、このラテン語が英語になるうちにコミュニケーションになったといわれている。その意味は「共通の」「同じものを持つ」という意味であるという。このことから、コミュニケーションとは、物体や生物の間で何かを伝えて共有する、同じになることである。キャビンアテンダントのBは、お客様と同じものを共有したことになる。

コミュニケーションを通して相手と同じものを共有するには、正確に相手からの情報を得る必要がある。その際に、「きく」ことが重要となる。しかし、この「きく」には2種類の「きく」があり、それらは「聞く」と「聴く」である。この2種類の「きく」を、相手やその時の情報によって使い分けることが重要とされている。「聞く」は、先の例でいえば、「ホットミルクティで砂糖あり」という情報、言葉から得た情報を「聞く」だけでよい。しかし、相手と同じものを共有するためには、「聴く」必要がある。

つまり話をしながら、相手をよく見ること、相手の表情や動作、姿勢など、言葉以外のものに注意を向けることで、相手が心から伝えたいと思っていることを知ることができる。それはなぜか。表情、動作、姿勢など言葉以外のものである非言語的行動は、言葉そのものである言語的行動よりも制御しにくい、つまり、隠すことができないといわれているからである。このように状況に応じて、「聞く」と「聴く」を使い分けることのできる人がコミュニケーション能力が高い人である。

(5) チームワーク力がある

仕事は1人ではできない。とりわけエアライン・ビジネスでは1機の飛行機を安全に定時に運航させ、お客様に快適で思い出に残る飛行を提供するという目標を達成するために、多くの人の協力が必要である。1人ひとりが自分の仕事を正確かつ適切に行い、協力しあい、エアライン・ビジネスが掲げている目標に向かってチームが団結して、仕事にあたる必要がある。

そもそもチームとは集団の1つの形態であり、4つの条件を持つ。社会心理学者の山口裕幸氏によれば、それらの条件とは、①達成すべき明確な目標があり、それがメンバーの誰もが認識しているものであること、②メンバー間が協力しあって課題や作業に取り組み、目標達成のために互いに依存しあう関係になること、③各メンバーに果たすべき役割が割り振られていて、その役割を果たすことが求められていること、④チームの構成員とそれ以外との境界が明瞭であることであるという。

つまり、エアライン・ビジネスでは、安全に定時運航という達成すべき明確な目標があり、それをパイロットをはじめとして全員が認識していて、そのためにメンバーが協力しあって作業や対応にあたる。それぞれの役割が決められており明確である。まさにチームという集団が形成されている。チームという集団で自分に与えられた役割や仕事をきちんとやり遂げるだけでなく、チームのメンバーと情報交換しながら協力して仕事を行う。またチームのみんなが円滑に仕事ができるように互いにサポートするなどの行動をすることが、チームワークとしての行動である。このような行動がとれることがチームワーク力といえよう。

（6）心身ともに健康

エアライン・ビジネスに勤務する人は、心身ともに健康であることが必須である。キャビンアテンダントであれば、国内線は、1日に3～4レク（回数）フライトする。勤務パターンは、基本的には4日勤務したら2日休みというシフト制であり、体力も必要。機内では、120kg～130kgのカートを引いてサービスをする肉体労働である。加えて国際線の場合は、時差があるため体調管理は重要である。日本出発時は体調万全であっても、出先の国の時間に合わせると睡眠が充分にとれず睡眠不足になることもある。

また、グランドスタッフであれば、最終搭乗アナウンスでお名前を呼んだお客様を捜して広い空港内を走りまわり、見つけたお客様の荷物を持って搭乗口まで案内することも起こる。グランドスタッフであったゼミナール12期生の加藤凌君は、「最終案内のお客様を探して、あんなに走ったことはない。体力が必要と聞いてはいたが、実際に仕事をしてみて、いかに体力が必要かを実感した」としみじみ語っていた。

健康な身体は、自己管理と時間管理からつくられる。次の日の乗務が早朝便の場合には、前日は睡眠時間をきちんと確保できる時間に就寝するよう時間管理と自己管理をする。業務に慣れるまでは、休日は休養の日と決めて過ごし、次のフライトに向けた準備時間にするなど、自己管理をする必要がある。

心の健康も大事。お客様へのサービスがうまくいかず、クレームをもらうこともある。また、毎回違うメンバーとフライトをするため、はじめてのメンバーとのコミュニケーションで気を使ったり、あるいは円滑なコミュニケーションがとれないときもある。そのような時にはストレスがたまり、笑顔を出す余裕もなく、当然良いサービスを提供することができなくなる。負のスパイラル（連鎖）が起こるのである。そうならないためにも心が不健康にならないよう、自分なりのストレス解消法を見つけ、それを実行することが重要である。

なぜ心身ともに健康でないと、よいサービスができないのだろうか。それは、自分が健康で幸せでないと、人にやさしくしたり、親切にしたいと思えないからである。疲れていたら集中力に欠け、お客様が何を望んでいるのかを知ることもできない。チームで仕事をしているにも関わらず、同僚にやさしい言葉をかけることもできない。そのような状態では、とても良いサービスを提供することはできないのである。貯金にたとえると、通帳に預金残高が残っていないときに、人にプレゼントを買ってあげようとは思えないのと同じである。預金残高が少なくならないように、常に貯金を増やすよう努めたい。そのためには、自分の好きなことをして、ストレスを解消することである。まさに、「健全なる精神は健全なる身体に宿る（A sound mind is in a sound body.）」のである。

第4節　日常生活で自分を鍛える

もしあなたがキャビンアテンダントやグランドスタッフなどエアライン・ビジネスを志望しているとすれば、次にあげる7項目を実行することをお勧めする。特別なことをするのではなく、日常生活で自分を鍛えるのである。

(1) 空港へ遊びに行く

ときどき空港に遊びに行こう。空港に行って、お気に入りの航空会社のカウンターの近くの席に座って、空港のグランドスタッフの仕事ぶりをみたり、これから乗務をするキャビンアテンダントの姿を見ることで自分の将来の姿のイメージができる。自分があの制服を着て空港を歩いている姿を思い浮かべてもいい。航空会社のショップに行って、自分の志望する航空会社のボールペンやノートなどグッズを手に入れて、試験当日はそれをバッグに忍ばせておき、お守りとして持っていこう。

とりわけ、エントリーシートが通過し、これから1次面接を受ける前など、自信がなくなったり、落ち着かない日々を過ごしているときには、ぜひ空港に遊びに行って、グランドスタッフやキャビンアテンダントの姿を見ることで、彼らや彼女たちからオーラをもらって、それを勇気に変えよう。

(2) 飛行機を利用して旅に出かける

自分が志望する航空会社の飛行機に乗ってみる。空港に行ってチェックインするときには、グランドスタッフの対応を受けて、どのように感じたのか、飛行機に乗ってサービスがどのように提供されているのかを見たり、楽しんだりしよう。そして自分はどのようなサービスを受けた時に心地よいと感じたのだろうか、記憶しておく。往路と復路で異なる航空会社の飛行機に乗ってみると、サービスの違いや対応の違い、それぞれの航空会社の特徴を比較することができる。

また、飛行機に乗った際には、キャビンアテンダントに話しかけてみよう。自分が将来の仕事としてキャビンアテンダントを目指していることを話してみる。きっと励ましのメッセージを渡してくれると思う。憧れの職業についている人とじかに話を聞ける良い機会である。モチベーションがあがることは間違いないであろう。

（3）航空会社の工場見学に出かける

日本航空や全日本空輸などでは、無料の工場見学ができる。各社のホームページから申し込みをする。ただし人気で、すぐに枠がいっぱいになってしまうので、早めに予約をするとよい。JAL工場見学SKY MUSEUMは、無料で参加できるツアーとして2016年に顧客満足度1位に選ばれている。そこでは各社の歩みだけでなく、エアライン・ビジネスの歴史を学ぶことができる。さらには歴代のキャビンアテンダントの制服を見るだけでなく、実際に制服を着て写真を撮ることもできるので、ここでもモチベーションがあがる。

整備場見学では、巨大な飛行機のそばで働く整備士の姿を見たり、真近で飛行機の離着陸を見ることができる。また、エアライン・ビジネスの使命である安全性を確保するための教育センターである安全教育センターでは、キャビンアテンダントの一番大事な仕事である保安要員として何をすべきか、再認識することができるであろう。企業研究の一環として、就職活動が本格化する前に一度は行っておくと良いと思う。

（4）感性を磨く

宮崎駿監督の「風の谷のナウシカ」「となりのトトロ」そして「もののけ姫」などの音楽を担当した久石譲氏は、『感動をつくれますか？』という書籍の中で、感性とは95％が自分の中にある知識や体験などの集積であり、それが論理的な思考のもとになっている。つまり、過去の経験、今までに出会い聴いてきた音楽、作曲家としてやってきたことで手に入った方法、考えたこと、それらの蓄積などが論理的思考を生み出している。そして、残りの5％が感覚的なひらめきであり、創作にオリジナリティを与えるその人ならではのスパイスのようなものであり、これこそが創作力の肝であるという。

つまり、感性はもともとその人に備わっているものではなく、その人が学んできたこと、経験してきたことがもとになっている。それがないと、ひらめきも出てこないというのである。辞書には、感性とは、外界からの刺激を受け止める感覚的能力、物事を心に深く感じ取る働きであると書かれている。外界からの刺激を受け止め、物事を心に深く感じ取るようになるには、まず外に出て行動する。久石氏は、質より量で自分を広げることを勧めている。さまざまなところにアンテナを張り、たくさん観て、聴いて、読む。行って、やって、感じる。自分にため込む知識や経験知の量を、極力増やしていくのである。

例えば、普段なかなか行けないラグジュアリーホテルに行ってみるのも良い。お手頃価格のランチを頼み、一流のサービスを体験する。自分がこんなに豊かな気分でお食事ができるのはなぜなのか、考えてみる。何に人々が楽しさや癒しを得ているのか、さらには感動を得ているのだろうか、たくさん観て、経験して、感性を磨こう。

(5) 周囲を観察する習慣をつける

通勤電車の中で、いつも音楽を聴くだけでなく、周囲の人の行動を観察する。あるとき私が遭遇した朝の出来事を紹介したい。私が電車に乗っていた時に、杖を持った女性が乗ってきた。私はそれを見て席を譲ろうと立ち上がったが、私よりも速く、前の席に座っていた若い女性が立ち上がり席を譲った。笑顔で「どうぞお座りになりませんか。」と一声かけて。席を譲ってもらった女性も笑顔で「ありがとうございます。」と言って座った。その後、杖を持った女性が降りるときに、席を譲ってくれた若い女性に丁寧にお礼を言うと、その女性も笑顔で言葉を返していた。それらの行動を見ていて、心が温かくなった。周囲に心配りをして、気づいたらすぐに行動に移す。そのときに一言やさしい言葉をかける。その一連の出来事で、車内が温かい雰囲気に包まれ、幸せな気持ちになったのを覚えている。自分もそんなさりげない思いやりを行動に示すことができる人間になりたいと思った出来事であった。

キャビンアテンダントの仕事は、まさにそのようなことに気づき、行動に移すことである。それができるようになるには、日常のさまざまなことを観察し、その行動のもたらす意味や人に与える影響に気づくことが大事である。

さらに、観察するだけでなく、その見たものや見たことに対する自分の考えや意見を言えるようにまとめる癖をつけること。エアライン・ビジネスの面接では、「今日ここに来るまでの間に何か気づいたことがありましたか？」と聞かれることがある。これを聞くのは、3節で述べたように、さまざまなことに対して感知力がある人なのだろうかということを知りたいから聞いているのである。どんな小さなことでもいい。気づいたらメモをするなり、自分の意見を言えるようにしておきたい。

（6）規則正しい生活をする

夜型の生活から朝型の生活へ変えること。ゼミ生で、夜中の3、4時まで起きているため朝起きれず、16時40分から始まるゼミナールの授業まで何も食べないで出席をする学生がいた。その学生は、授業の発表のときにちょうどおなかが活発になるらしく、時折グーとおなかが鳴るということが起こっていた。また不規則な生活を送っていたため、肌も荒れていた。彼女はエアライン・ビジネス志望の学生で、性格も明るくて、気配りができ、笑顔が素敵な学生であった。彼女には生活パターンを夜型から朝型に変えること、1日3食バランスの良い食事をとり、適度な運動をすることを厳命した。大いに反省したゼミ生は私との約束を守り、12時には寝ること、食事は野菜を中心に3食きちんととり始めた。1カ月たった頃から、授業でおなかが鳴ることもなくなり、肌もきれいになった。その結果、グランドスタッフに合格をして、今現在、元気に働いている。規則正しい生活は、肌も身体も元気にする。

（7）人前で話す機会を自分からつくる

あなたが大学生なら、グループ活動の結果発表や課題のプレゼンテーションをする機会があると思う。そのようなときには、率先してプレゼンテーションをするようにしよう。人前で話すのが苦手な人であればなおのこと、勇気を出して発表するようにする。最初は頭の中が真っ白になってしまい、うまく自分の言葉で話すことができないことが多い。ただ何度もそれを繰り返しているうちに、少しずつ落ち着いて話をすることができるようになる。

授業中に「質問はありませんか。」と先生に聞かれたら、なんとか質問をするようにするのも、人前で話す練習になる。以前、ゼミ長をやりたいと立候補した学生がいたが、その学生は実は人前で話をするのが大の苦手だということを後から白状していた。マイクを持つと手が震えて、何も言えなくなるというのである。ではなぜ、ゼミ長に立候補したのかというと、彼女は、自分のその弱点を直したいので発言する機会の多いゼミ長に立候補したというのである。卒業するころには、ゼミ生の意見をまとめて大教室で意見を言うことができるように成長した。

グループ面接などでは、自分の意見を他の受験生の前で言わなくてはならないことがおこる。そのようなときに、落ち着いて自分の意見を言えるようになるには、日ごろからの練習が必要なのである。

以上のように日常生活でできる7つのことを行うことが、キャビンアテンダントやグランドスタッフになるための成功の秘訣である。

引用文献

久石　譲『感動をつくれますか?』角川書店、2006年。

稲盛和夫『新版・敬天愛人　ゼロからの挑戦』ＰＨＰビジネス新書、２０１３年。

浪平博人『感知力　混迷の中から新しい方向をつかみ出す』プレジデント社、１９９２年。

新村　出（編著）『広辞苑　第4版』岩波書店、１９９１年。

齊藤　勇『人間関係の心理』誠信書房、２００２年。

高橋俊介『キャリア論　個人のキャリア自律のために会社は何をすべきなのか』東洋経済新報社、２００３年。

山口裕幸『チームワークの心理学』サイエンス社、２０１１年。

参考文献

土井善晴『一汁一菜でよいという提案』グラフィック社、２０１６年。

原田紀久子『夢ナビゲーション―人生は自分で切り開こう』。

星野欣生『人間関係づくりトレーニング』金子書房、２００３年。

山口一美「航空ビジネス：日本航空株式会社の場合」『感動経験を創る！　ホスピタリティマネジメント』創成社、２０１５年。

ＪＡＬグループ「ニュース　ＪＡＬ工場見学～ＳＫＹ ＭＵＳＥＵＭ～　トリップアドバイザー「行ってよかった！無料観光スポットランキング２０１６」で1位受賞」、２０１６年。

あとがき

本書を執筆させていただく過程で、エアライン・ビジネスの魅力を再発見し、そのビジネスが私自身にもたらした影響の大きさに改めて驚いています。エアライン・ビジネスに関わって学んだことがきっかけとなって、多くの人との出会いがあり、それが研究者として、また教員としてのキャリアへとつながっていきました。

本書はたくさんの方々のご協力のもと完成させることができました。ありがとうございました。ここにすべての方のお名前を記載することはできませんが、ヒアリング調査にご協力いただいた天草エアラインの皆様、ヒアリング調査を共同で行ってくださった文教大学の小島克巳先生、いろいろな情報を寄せてくれた日本航空の同期の仲間たち、特に中野直子さんからは貴重なエピソードをいただきました。皆様、ありがとうございました。文教大学の私の専門ゼミナールの学生たちで、エアライン・ビジネスに関わることを夢みていた学生たちからも印象深いエピソードを寄せてもらいました。学生たち、特にゼミナールの学生たちとの関わりは私にとって楽しく、やりがいがあり、学ぶことの多い機会となっています。ありがとうございます。

本書の企画が立ち上がったのは7、8年前でしたが、私の執筆がなかなか進まず、創成社の塚田尚寛氏、西田徹氏には大変ご迷惑をかけました。ぐずぐずしている私に対して、辛抱強く待っていただき、目次案から最後の校正まで大変お世話になりました。ここに感謝申し上げます。

最後に、アメリカに転勤した際のエピソードを掘り起こしたり、写真を捜したりと大騒ぎしている私に、助言をくれたり励ましたりしてくれた夫と2人の子供たちに感謝をいたします。

2019年9月

山口一美

《著者紹介》

山口一美（やまぐち・かずみ）

1969年日本航空(株)客室乗務員室勤務。退職後，エアライン・ビジネス関連の専門学校の講師および大学・大学院の非常勤講師を歴任，また(株)アサップを設立し企業向け研修を行う。現在，文教大学国際学部教授。
最終学歴，立教大学大学院心理学博士後期課程修了。文学博士（心理学）。
専門は，社会心理学，産業・組織心理学，観光学。
研究テーマは，ホスピタリティ・マネジメント，顧客満足，顧客心理，従業員満足などに関心がある。

【主要著書】

『感動経験を創る！ ホスピタリティ・マネジメント』(単著)創成社，2015年
『観光行動論(観光学全集・第4巻)』(共著)原書房，2013年
『はじめての観光魅力学』(編著)創成社，2011年
『はじめての国際観光学』(編著)創成社，2010年
『なぜ人は他者が気になるのか　人間関係の心理』(共著)金子書房，2010年
『観光の社会心理学　ひと，こと，もの―3つの視点から』(共著)北大路書房，2006年

(検印省略)

2019年11月10日　初版発行　　略称―エアライン

エアライン・ビジネスの魅力
―夢に向かってキャリア・アップ―

著　者　山 口 一 美
発行者　塚 田 尚 寛

発行所　東京都文京区春日2-13-1　株式会社 創成社

電　話　03(3868)3867　FAX　03(5802)6802
出版部　03(3868)3857　FAX　03(5802)6801
http://www.books-sosei.com 振　替　00150-9-191261

定価はカバーに表示してあります。

ISBN978-4-7944-5067-8 C0234
Printed in Japan

組版：スリーエス　印刷：平河工業社
製本：宮製本所
落丁・乱丁本はお取り替えいたします。

創成社新書

山口一美
エアライン・ビジネスの魅力 61
―夢に向かってキャリア・アップ―

前原　寛
子どもの「今」を護れるか 60
―待機児童問題から見える社会の姿―

守屋俊晴
インフラの老朽化と財政危機 59
―日の出ずる国より，日の没する国への没落―

日本ホリスティック教育協会
対話がつむぐホリスティックな教育 58
―変容をもたらす多様な実践―

大野政義
アフリカ農村開発と人材育成 57
―ザンビアにおける技術協力プロジェクトから―

守屋俊晴
不正会計と経営者責任 56
―粉飾決算に追いこまれる経営者―

花田吉隆
東ティモールの成功と国造りの課題 55
―国連の平和構築を越えて―

伊藤賢次
良い企業・良い経営 54
―トヨタ経営システム―

三浦隆之
成長を買うM&Aの深層 53

創成社刊